KB210499

소명, 그 거룩한 일상

오해를 넘어 바른 이해로

김 형 원

소명, 그 거룩한 일상
-오해를 넘어 바른 이해로

지은이	김형원
초판발행	2018년 4월 17일
펴낸이	배용하
책임편집	배용하
등록	제364-2008-000013호
펴낸 곳	도서출판 대장간
	www.daejanggan.org
등록한 곳	충남 논산시 매죽헌로 1176번길 8-54, 101호
대표전화	041-742-1424 전송 0303-0959-1424

분류	기독교	신앙
ISBN	978-89-7071-447-9 03230
CIP제어번호	CIP2018011237

 값 10,000원

소 명

그

거
룩
한

일
상

차례

1장

나는 누구인가?

1. 위기의 시대와 대응

1) 청년의 위기

우리나라의 현 상황은 대다수 청년들에게 매우 가혹합니다. IMF 시대 이후 저성장과 고실업이 일상화되었고, 평생직장 개념이 종식되고 비정규직과 계약직이 그 자리를 대체해 버렸습니다. 경기는 불황이지만 부동산은 지속적으로 오르고 있어 새롭게 사회로 진입하는 청년들은 이중 삼중의 난관을 극복해야 자리를 잡을 수 있는 상황이 되었습니다. 좋은 일자리가 부족해지다보니 경쟁이 더욱 치열해졌고, 이제는 초등학교 때부터 경쟁에 내몰리면서 우정이나 협력보다는 자신의 생존을 위한 홀로서기가 대세가 되어버렸습니다. 부모로부터 제대로 지원을 받지 못하는 청년들은 고군분투하고 있지만, 사회적 자산을 소유한 부모를 둔 청년들은 그 자산을 활용하여 경쟁에서 앞서나가면서 사회의 양극화와 계층화가 고착되고 있습니다. '금수저-흙수저'라는 표현은 수많은 청년들의 자조 섞인 한탄과 불공정한 사회에 대한 비판의 대명사가 되었습니다. '88만원 세대'로부터 시작된 좌절감은 '삼포 세대'를 거쳐 'N포 세대'로 이어졌고, 급기야 '이생망^{이번 생은 망했다}'까지 이르게 되었습니다. 역경을 극복하려는 의지가 완전히 꺾이는 상황까지 온 것입니다.

2) 청년들의 대응

이런 상황에서 청년들의 반응은 대개 세 가지 유형으로 나뉩니다.

첫 번째는, 어떻게든 성공이 보장되어 있다고 생각되는 곳을 차지하기 위해 경쟁의 문을 뚫으려고 애를 쓰는 사람들이 있습니다. 대기업에 취업하고, 공무원과 교사 시험에 합격하기 위해 수십 대 일이 넘는 극심한 경쟁의 벽으로 돌진합니다. 경쟁률이 말해주듯이 이 관문을 통과하는 사람은 전체 청년의 10%도 안 됩니다. 나머지 90%는 좌절에 좌절을 계속 맛볼 뿐입니다.

두 번째는, 수많은 좌절을 겪으면서 결국 삶의 의욕과 목표의식을 상실하는 사람들입니다. 언론에서는 이들을 '달관 세대', '관조 세대', '사토리족', '포기세대'라는 용어로 모둠을 짓고 있습니다. 이들 대부분은 자신의 한계를 절감하고 시대를 한탄하면서 삶의 목표나 비전과 같은 거창한 것들을 포기하고,

주어진 하루하루를 버티며 살고 있습니다.

　세 번째는, 여전히 꿈을 꾸면서 꿋꿋하게 자신이 하고 싶은 것을 시도하는 사람들입니다. 인디 밴드를 구성해서 음악가로서의 꿈을 계속 이어가는 사람, 웹툰 작가로 성공하는 꿈을 꾸면서 반 지하 방에서 계속 그림을 그리는 사람, 자신의 영화를 만드는 꿈을 꾸면서 촬영 현장에서 온갖 잡일을 힘겹게 감당하는 사람 등등. 이들은 굶어 죽는 한이 있어도 내가 하고 싶은 일을 하는 것이 가장 중요하다고 생각하는 사람들입니다.

2. 멘토

1) 멘토의 조언

가혹한 시련의 시기를 지나면서 청년들은 도움을 줄 사람을 찾게 되었고, 이 때 구세주를 자처하며 나타난 사람들이 소위 사회의 '멘토'들이었습니다. 그들은 이미 사회적으로 성공한 사람들이거나 청년들을 위한 다양한 책을 저술했던 사람들입니다.

여러 멘토들이 유명세를 얻었지만, 이들이 주는 메시지는 거의 비슷합니다. 먼저 청년들을 위로합니다. '너의 아픔을 안다. 힘겨워하는 것도 안다. 하지만 이런 아픔도 청춘의 특징 아니겠니? 세상이 너를 배신한다 해도 너는 배신당할 만큼 못나거나 절망적인 존재가 아니다. 너는 세상에 하나밖에 없는 귀한 존재다. 그러니 사회적 평가에 연연하지 말고 너의 가치를 분명하게 인식하라.' 그 후에 앞으로 살짝 밀어주면서 소망과 기대를 품게 합니다. '사회적 기대와 평가에 너무 구애받지 말고, 또한 지금의 너의 처지에 절망하지도 말고, 그 속에서도 엄동설한을 뚫고 피어나는 꽃처럼 너만의 꽃을 피울 준비를 하라. 위기를 기회로 삼고 너의 길을 걸어가라. 그러면 누구도 모방할 수 없는 너만의 아름다운 삶을 살게 될 것이다.'

　이런 멋진 위로의 말을 듣고 청년들은 치유를 경험하기도 합니다. 자신들을 이해하는 어른들이 있다는 생각에 감격하기도 합니다. 또한 사회적으로 성공한 멘토를 모델로 삼고 성공의 꿈을 다시 불태우기도 합니다. 하지만 현실은 여전히 만만치 않습니다. 몇 개 되지도 않는 '좋은 직장' 앞에는 여전히 수십만 명의 청년들이 줄 서 있고, 거기서 탈락한 청년들에게는 '저녁이 있는 삶'이나 충분한 경제적 보상은커녕 생명의 위협까지 감수해야 하는 열악한 환경의 직장이 기다리고 있습니다. 멘토들의 조언을 따라 나의 존재 가치를 회복하고 심기일전하여 다시 경쟁 대열에 합류해보지만, 달라진 것은 하나도 없습니다. 사회가 달라진 것도 아니고, 갑자기 내 능력이 상승한 것도 아니기 때문입니다.

　이러한 상황을 이미 알고 있는 멘토들은 청년들이 듣고 싶은 이야기를 더욱 강조합니다. '모든 사람들이 좋다고 인정하는 것을 맹목적으로 추종하지 말고, 네 자신이 하고 싶은 것을 하라.' '중요한 것은 네 자신이다. 다른 사람에 의해 휘둘리는 삶을 살지 말고, 네가 하고 싶은 일을 하라. 그것이 성공한 인생이다.' 솔직히 말해, 이렇게 말해야 청년들의 호응을 받을 수 있지 않겠습니까? 다시 힘을 모아 세상의 벽에 부딪쳐보라는 조언은 이미 치열한 경쟁에 치인 청년들에게는 식상할 뿐입니다. 그렇게 한다고 해도 성공 가능성이 별로 없기에 무리한 조언이 될 것이고, 그렇다고 포기하라고 하면 청춘의 싹을 죽여 버리는 것이 되기에 적합한 조언이 될 수 없습니다. 결국 청년들이 듣고 싶은 말은 '네가 하고 싶은 것을 하라' 는 것이지 않겠습니까?

이제는 이것이 시대적 대세가 된 것 같습니다. 경쟁도 힘들고 그렇다고 포기하기도 마땅치 않고, 이왕 이렇게 된 바에야 내가 원하는 것을 하면서 사는 것이 낫다는 생각을 하게 되는 것입니다. 그래서 대기업을 박차고 나와 떡볶이 가게를 차린 청년이 유명해지고, 변호사 사무실을 박차고 나와 세계를 여행하고 난 후 여행 가이드가 된 사람이 부러움의 대상이 되고, 원룸에서 라면으로 끼니를 떼우면서도 인디 밴드에서 젊음을 불사르는 청년이 꿈을 위해 도전하는 사람으로 칭송받고 있습니다.

2) 이 조언의 설득력

이런 조언은 한국의 교육문제와 사회문제가 배경에 깔려 있기에 더 호응을 얻습니다. 우리나라 교육은 아직까지도 "지시형, 제시형, 명령형"의 틀에서 벗어나지 못하고 있습니다. 스스로 생각하고 판단하고 결정하도록 도와주지 않고, 처음부터 좋은 성적을 얻기 위해 정답을 찾는 비결만 가르쳐주고 있습니다. 학생들은 자신의 생각을 발전시키고 새로운 일에 도전하기보다 문제 출제자의 의도를 잘 파악하여 그들이 원하는 답을 제시하도록 교육받고 있습니다. 그 결과, 성인이 되어도 자신이 원하는대로 무엇을 하는 게 쉽지 않습니다. 사실, 부모의 기대와 사회의 압박이 워낙 강하기 때문에 자신이 원하는 것이 무엇인지도 모르는 채 끌려가는 삶을 살고 있습니다.

또한 우리 사회는 끊임없이 '비교하고 경쟁하는 사회' 입니다. 모든 것을 다른 사람과 비교하면서 평가합니다. 부모나 다른 사람들도 나를 경쟁자와 끊임없이 비교하며 압박합니다. '엄친아' 라는 용어가 이런 현상을 압축적으로 잘 보여줍니다. 누군지도 모르는 '엄친아' 는 나를 압박하고 절망하게 만드는 존재입니다. 그런 존재가 실제로 있는지도 잘 모르겠지만, 어떻든 나는 끊임없이 비교당하면서 압박을 받게 되고, '엄친아' 를 이겨야 한다는 중압감 때문에 모범답안의 길로 우르르 몰려가게 됩니다. 거기에 더해서 불황으로 인해 안전을 추구할 수밖에 없는 경제적 상황이 청년들을 더욱 움츠러들게 합니다. 결국 그들은 하고 싶은 것을 포기할 수밖에 없는 상황으로 내몰리고 맙니다.

청년들은 지금까지 이런 압박 속에서 자신의 생각을 펼칠 기회를 잡지도 못했고, 자신의 꿈을 향해 마음껏 날아오를 수 있는 자유도 얻지 못했습니다. 만약 우리 교육이 충분히 자신의 꿈을 펼칠 수 있도록 지원해주는 시스템이었다면 멘토들의 조언 같은 것은 필요 없었을 것입니다. 그러므로 끌려 다니는 삶을 살지 말고 주체적으로 네가 무엇을 원하고 무엇을 하고 싶은지 생각하고 그것을 위해 살아가라는 멘토들의 조언은 억눌렸던 것을 발산할 수 있도록 격려해주고 삶의 새로운 이정표를 제시해주는 것으로 받아들여지면서 청년들의 큰 호응을 받고 있습니다.

　저는 청년들뿐만 아니라 모든 사람들이 자신의 꿈을 위해 살 수 있다면 참 좋을 것이라고 생각합니다. 의대에 진학하여 의사가 되고 싶었지만 학비 부담 때문에 전액장학금을 주는 학과에 진학할 수밖에 없었던 사람, 부모의 기대를 저버릴 수 없어 성악가가 되고 싶은 마음을 접고 대기업에 취직했지만 50세가 되자 명퇴를 하고 제주도에 내려가 농부가 되었다는 사람, 연극을 계속 하고 싶었지만 결혼 후 아이가 생기는 바람에 그 꿈을 포기해야 했다는 30대 주부, 소설가가 되고자 국문과에 들어가고 싶었지만 병치레를 하는 부모님을 대신해서 돈을 벌어야 했기에 고등학교만 졸업한 채 30년 넘게 일만 해온 사람. 이런 사람들의 이야기를 들으면 슬픕니다. 모든 사람들이 자신이 하고 싶은 일을 할 수 있다면 얼마나 좋을까요?

3) 세 가지 의문

모든 사람들이 하고 싶은 일을 하는 것이 좋을 것이라는 생각과는 별개로, '네가 원하는 것을 하라'는 멋진 조언 속에는 멘토들이 간과하고 있는 세 가지 중요한 문제가 숨어 있습니다.

첫째, 많은 사람들이 지적했듯이, 멘토들의 사회 인식과 정작 그들이 조언을 해주고 있는 청년들의 사회 인식이 다르다는 점입니다. 청년들은 현재 자신들이 당면한 문제가 왜곡된 사회구조로부터 나온다는 점을 분명하게 인식하고 있습니다. '88만원 세대' '금수저-흙수저' '양극화' 같은 표현의 핵심은 잘못된 사회구조에 대한 비판입니다. 양극화를 심화시키는 경제정책, 투기로 인한 지속적인 부동산 가격 급등, 금수저들의 정당하지 않은 부의 대물림, 비정규직과 계약직을 양산하는 정책의 증가는 청년 개인이 노력한다고 쉽게 극복할 수 있는 문제가 아닙니다. 이것은 사회구조에 관한 문제이고, 경제 정책에 관한 문제이며, 더 나아가서는 정치와 관련된 문제입니다.

하지만 멘토들은 이런 구조적 문제에 대해서는 침묵하거나 어쩔 수 없는 것으로 전제하고 청년들에게 그런 왜곡된 구조 속에서 살아남거나 버티는 법에 대해서만 이야기합니다. 멘토들을 향한 가장 큰 비판은 왜곡된 사회 구조를 바꾸려는 어떤 대안도 제시하지 않고, 단지 개인을 위로하고 격려하면서 개인적으로 이 험난한 시대를 헤쳐 나갈 방안만 제시한다는 점입니다. 이것은 고통을 줄이려면 근본적으로 암세포를 도려내야 하는 사람에게 단지 모르핀 주사를 놓고 영양제와 수면제를 처방해주는 것과 같은 기만입니다. 행복한 삶을 누리기 위해서는 개인적인 노력도 필요하지만, 개인의 노력을 의미 있게 만들어주는 공정한 사회가 뒷받침되어야 합니다. 이것이 사회 구조 개혁을 위한 노력이 필요한 이유입니다. 하지만 멘토들은 이런 필요에 대해서는 침묵하고 있습니다.

　두 번째 문제는, 설령 사회개혁이 이루어져서 공정한 세상이 온다 해도 모든 사람이 자신이 하고 싶은 일을 하면서 살 수 있는 세상은 없다는 점을 멘토들은 애써 외면한다는 것입니다. 우리나라 경제 활황기였던 1970–90년대나, 지금 복지국가로 칭송받는 북유럽 국가에서도 자신이 하고 싶은 것을 하면서 사는 사람은 여전히 소수에 불과합니다. 이것은 어느 시대 어느 민족이나 마찬가지입니다. 이유는 간단합니다. 사람들이 자신이 하고 싶은 것을 하면서 살기 위해서는 그것을 가로 막는 어떤 장애물도 없어야 하는데, 현실에서는 그것이 불가능하기 때문입니다.

　예를 들면, 연극을 계속 하고 싶은 엄마에게는 아이를 돌봐주는 사람이 있어야 할 뿐만 아니라 연기실력이 뒷받침되어야 계속 연극을 할 수 있습니다. 인디 밴드를 하고 싶은 사람은 그것만 해도 먹고 살 수 있어야 하고, 사람들을 끌어들일 수 있는 실력이 있어야 합니다. 아이돌 가수가 되고 싶은 사람은 수천 대일의 치열한 경쟁을 뚫을 수 있는 실력과 행운이 뒷받침되어야 합니다. 연기를 취미로 하는 것이야 얼마든지 자유롭게 할 수 있지만, 그것을 직업으로 삼아서 배우나 탤런트가 되려면 누구나 인정할 수 있는 실력을 갖추어야 합니다. 취미로 축구를 하는 것이야 누구나 할 수 있지만, 선수로서 인정받기 위해서는 수백 대일의 경쟁을 뚫을 수 있는 실력을 갖추어야 합니다. 의사가 되고 싶다고 해서 모두 될 수는 없고 합당한 실력을 갖추어야 합니다. 이 원리는 어떤 분야, 어떤 일에도 해당되는 아주 기본적인 것입니다. 이런 현실 속에서 '네가 하고 싶은 것을 하라' 는 말은 멋지게 들리기는 하겠지만, 비현실적이고 무책임한 조언입니다. 그 조언의 의도가 단지 시도를 하는 것만으로도 의미가 있다는 것이라면 인정할 수 있겠지만, 그것은 실제로 '내가 하고 싶은 것을 하는 것' 이 아닙니다. '내가 하고 싶은 것을 하려는 과정에 들어간 것'에 불과합니다.

　세 번째 문제는, '네가 하고 싶은 것을 하라'는 멘토들의 조언에는 내가 하고 싶은 것을 하지 않는 삶은 마치 2급 인생이거나 시류에 영합하는 속물이라는 뉘앙스가 담겨 있다는 점입니다. 하지만 우리 주위를 좀 더 세심하게 돌아보면, 자신이 하고 싶은 일을 한 사람보다는 여러 상황 때문에 다른 일을 할 수밖에 없었던 사람들이 훨씬 많다는 것을 알게 됩니다.

　어느 날, 버스 스피커에서 들려오는 라디오 프로그램에 어느 아주머니의 사연이 소개되고 있었습니다. 그 분은 1980년대 초반까지 서울에서 시내버스 '안내양'을 했던 자신의 이야기를 적어 보냈습니다. 당시 '안내양'은 버스요금을 받고 버스의 출발과 정차를 알려주는 일을 했습니다. 그들의 나이는 대개 고등학교나 대학을 다닐 나이인 10대 후반에서 20대 중반 사이였고, 대개 지방에서 상경한 젊은이들이었습니다. 그 분 이야기로는, '안내양' 일을 하던 초기에 가장 부끄러웠던 때는 또래 여학생들이 등하교하는 시간대였다고 합니다. 다른 친구들은 학교를 가는데 자신은 이런 '하찮은' 일을 하고 있다는 생각에 자괴감이 밀려들었기 때문입니다. 중학교를 간신히 졸업하고 상경하여 일을 하면서 야간 학교를 다녔지만, 일이 너무 힘들어 1년을 채우지 못하고 그만두었다고 합니다. 공부도 하고 싶고, 꿈도 많은 10대 소녀였지만 가족의 생계를 돕기 위해 일찍 사회에 나올 수밖에 없었던 것입니다. 그 후 결혼하고 아이 셋을 키우면서 어떻게든 자식들이 원하는 공부를 마음껏 할 수 있게 해주려고 온갖 일을 닥치는 대로 했답니다. 그분은 자식들이 모두 결혼하여 아이 낳고 사는 모습을 보니 이제 60줄에 들어선 자신의 삶이 비록 힘겨웠지만 나름대로 보람이 있었다고 하면서 이야기를 맺었습니다.

그 당시 대학 진학률은 20% 남짓 정도였습니다. 많은 학생들이 실력이 없어서라기보다는 돈이 없거나 가족을 부양하기 위해서 대학을 포기했습니다. 가족을 위해서 자신의 꿈을 접은 것입니다. 지금은 이런 사람들이 없을까요? 우리나라가 유토피아도 아니고 소위 '헬조선'이라고 자조하는 사람들이 넘쳐나는 곳인데 그럴 리가 있겠습니까? 수십 년 전과 마찬가지로 지금도 다양한 이유로 자신의 꿈을 묻어버리는 사람이 많이 있을 것입니다. 그렇다면, 이들은 자신이 하고 싶은 것을 하지 않기 때문에, 자신의 꿈을 좇지 않았기 때문에 잘못된 삶을 사는 것인가요? 실패한 인생인가요? 시류를 좇는 속물인가요? 무의미한 삶을 사는 것인가요?

어느 방송국에서 고등학교를 찾아가 학생들에게 질문을 던졌습니다. "만약 앞으로 1년 밖에 살지 못한다면 자신의 꿈을 위해서 살 것인가, 아니면 5억 원을 받을 것인가?" 학생들은 예외 없이 모두 자신의 꿈을 위해서 살 것이라고 대답했습니다. '내 꿈은 소중하니까요.' '내가 죽는데 5억이 무슨 소용이 있겠어요?' '꿈을 이뤄 이름이라도 남기고 죽어야지요.'

이번에는 그 학생들의 아버지들에게 같은 질문을 던졌습니다. "만약 앞으로 1년 밖에 살지 못한다면 자신의 꿈을 위해서 살 것인가, 아니면 5억 원을 받을 것인가?" 아버지들의 대답은 학생들과 달랐습니다. 그들은 모두 5억 원을 선택했습니다. 돈에 눈이 멀었기 때문인가요? 세상살이에 너무 찌들어 꿈보다 돈이 더 가치 있다고 생각한 걸까요? 아닙니다! 그들이 5억 원을 선택한 이유는 이랬습니다. "내가 죽더라도 우리 가족은 살아야 하니까요." "아들이 원하는 사진 스튜디오를 차려주고 싶어요. 내가 죽으면 그 꿈을 이뤄주지 못할 테니까요." "딸아이가 원하는 유학 자금으로 남겨주려고요." 세상은 꿈이 소중하고, 꿈을 이루는 것이 마치 인생 최고의 목표인 것처럼 말하지만, 어떤 사람들에게는 자신의 꿈을 이루는 것보다 더 가치 있는 것이 있습니다.

멘토들의 조언과는 달리, 어쩔 수 없는 상황 때문에, 또는 더 귀한 가치를 위해 자신의 꿈이나 자신이 원하는 것까지 내려놓는 아름다운 사람들이 있습니다. 뒤돌아보면, 가정이나, 교회나, 사회나, 국가나, 인류는 자신이 원하는 것을 뒤로 미루고 가족을 위해, 다른 사람들을 위해 희생하고 애쓴 사람들 덕분에 생존하고 발전해왔습니다. 그래서 마치 자신이 하고 싶은 일을 하지 않으면 실패한 인생이요, 불쌍한 인생인 것처럼 취급하는 것은 그들의 삶에 대한 조롱입니다.

그러므로 혹시 누군가 이런저런 사정 때문에, 혹은 다른 사람들을 위해서, 하고 싶은 일을 포기하고 억지로 다른 일을 해야 하는 상황에 처해 있다면, 너무 절망하지 마십시오. 그것은 결코 불쌍한 인생이 아니며, 실패한 인생도 아닙니다. 그것은 오히려 자신의 꿈을 이루는 것보다 더 멋지고 아름다운 삶입니다.

3. 기독교인으로서의 고민

1) '내가 원하는 것을 하겠다'는 생각의 기초

우리가 살아가는 현실은 멘토들의 조언처럼 내가 하고 싶은 것을 마음껏 할 수 있는 세상이 아니지만, 이런 현실적인 제약 말고도 기독교인이기 때문에 '네가 하고 싶은 일을 하라'는 조언에 대해 다른 차원의 고민을 하게 됩니다. 설령 아무런 제약 없이 내가 하고 싶은 일을 할 수 있다 해도, 그것이 반드시 좋은 삶이고, 하나님이 원하시는 삶일까? 하는 고민 말입니다.

'내가 하고 싶은 일을 하겠다'는 생각의 기초에는 무엇이 있을까요? 이런 생각의 기초에는 '내 인생은 나의 것'이며, 그렇기 때문에 내가 원하는 것을 하는 것은 나의 당연한 권리라는 생각이 있는 게 아닐까요? 이런 생각을 조금 더 파 내려가면 또 다른 기초를 만나게 됩니다. 그것은 인간, 즉 나의 존재의 기원과 목적에 대한 질문입니다. '나는 어디서 왔을까?' '나는 어떻게 이 세상에 존재하게 되었을까?' '나는 왜 이 세상에 살고 있을까?' '내 인생엔 어떤 목적이 있을까?' '나는 무엇을 위해 살아야 할까?

2) 세상 사람들이 자신을 보는 관점

리차드 도킨스나 크리스토퍼 히친스 같은 무신론자들을 비롯해서 유물론적 세계관을 신봉하는 사람들은 인간의 존재가 그렇게 특별하다고 생각하지 않습니다. 다른 동물들과 본질적으로 다른 존재라고 보지 않습니다. 이런 생각은 인간의 존재 목적에 대해 생각할 때 매우 중요합니다. 유물론에 기초한 무신론의 관점에서 보면, 인간은 우연히 왔다가, 주어진 시간 동안 존재하다가, 때가 되면 사라져버리는 존재에 불과합니다. 그렇다면 인간 생명의 목적이나 존재의 목적이 무엇이냐는 질문을 던지는 자체가 무의미하게 됩니다. 동물들에게 존재 목적에 대해 묻는 게 이상한 것처럼, 인간의 존재 목적에 대해 질문하는 것도 어리석은 짓이 되어버립니다.

그러나 무신론자들의 이런 주장에도 불구하고 현실을 살아가는 사람들은 다른 생각을 가지고 있는 것 같습니다. 미국의 일간지 'USA Today'는 하나님께 단 한 가지 질문을 할 수 있다면 어떤 질문을 하고 싶은지를 알아보는 조사를 시행한 적이 있었습니다. 그 결과, 대부분의 사람들은 "내 인생의 목적은 무엇인가요?"라고 질문하고 답을 얻고자 한다는 사실을 발견했습니다. 케빈 & 케이 마리 브렌플렉, 「소명 찾기」(서울: IVP, 2006), 21 사람들은 대부분 자신이 우연히 이 세상에 왔고, 그저 주어진 생명이니까 한 평생 살다가 죽을 때가 되면 다시 자연으로 돌아가는 것이라는 주장을 잘 받아들이지 못하는 것 같습니다. 그렇게 생각하면 자신의 존재가 매우 하찮게 여겨지기 때문일 것입니다. 그래서 현대 학문 세계를 지배하는 유물론과 그것에 기초한 진화생물학이 인간이 동물과 질적 차이가 없는 존재라고 주장함에도 불구하고 사람들은 자신이 왜 이 세상에 살게 되었고, 어디를 향해 가며, 무슨 목적으로 생명을 영위하고 있는지 알고 싶어 합니다. 그러나 불쌍하게도 이 질문에 대한 답을 찾기가 쉽지 않습니다.

이런 막막한 상태에서 사람들은 어떤 선택을 할까요? 위에서 언급한대로, 어차피 인생의 목적이 무엇인지도 모르고 알 수도 없기 때문에, 그냥 내가 원하고 좋아하는 것을 하면서 사는 것이 가장 낫다고 생각하는 것입니다. 나는 그냥 나일뿐이고, 나는 독립적으로 존재하고, 나의 주체는 나이며, 내 인생은 나의 것이기 때문에, 내가 원하는 것을 하면서 사는 것이 가장 최선의 삶이라고 생각하는 것입니다.

그리스도인도 이런 생각에 동의할까요? 무신론자들처럼 나는 그저 우연히 왔다가 사라져버리는 무의미한 존재라고 생각

하나요? 그래서 내 인생은 나의 것이니까 내가 하고 싶은 것을 하는 삶이 성공적인 인생이라고 생각할까요? 아닙니다! 그리스도인들은 이런 생각에 결코 동의할 수 없습니다. 우리가 믿는 살아계신 하나님은 우리의 존재 의미와 목적에 대해 분명하게 말씀하고 있기 때문입니다.

4. 그리스도인의 정체성 - 나는 누구인가?

1) 하나님의 형상으로 창조된 존재

창세기 1장 27절은 인간의 기원에 대해서 이렇게 말하고 있습니다. "하나님이 당신의 형상대로 사람을 창조하셨으니, 곧 하나님의 형상대로 사람을 창조하셨다." 이것은 무신론자들의 주장처럼 인간이 우연히 존재하게 된 것이 아니라는 분명한 선언입니다. 우리는 하나님이 창조하셨기에 이 세상에 존재하게 되었다는 것입니다.

창세기의 주장대로 하나님이 우리를 창조한 것이 맞다면, 하나님이 특정한 목적을 가지고 우리를 창조했을 것이라고 생각하는 게 자연스럽습니다. 사람들이 어떤 물건을 만들 때를 연상해보면 이것을 쉽게 이해할 수 있습니다. 인간이 만드는 물건들은 대부분 특정한 목적을 위한 것들입니다. 자동차는 먼 거리를 빠르게 이동하기 위해서 만든 것입니다. 전화기는 멀리 떨어진 사람과 대화하려고 만든 것입니다. 헤드폰은 혼자서 음악을 듣기 위해서 만든 것입니다. 이런 물건들은 아무 이유 없이 그냥 우연히 만들어진 것들이 아닙니다. 인간은 분명한 목적을 가지고 이것들을 만들었습니다. 마찬가지로, 하나님이 인간을 자신의 형상으로 만들었을 때 어떤 분명한 목적을 가지고 있었다고 보는 것이 합당할 것입니다.

그렇다면 인간이 만든 물건을 원래의 목적과 상관없이 사용하는 것은 어떨까요? 30만원이 넘는 값비싼 헤드폰을 겨울에 귀막이로 사용하는 것은 어떨까요? 300만원이 넘는 안마의자를 단지 안락의자로만 사용하는 것은 어떨까요? 그렇게 사용할 수도 있지만, 그렇게 하는 것은 그 물건의 가치를 충분히 활용하지 못하는 것입니다. 물건을 만든 목적에 맞게 사용하는 것이 가장 현명하고 합당하고 지혜로운 행위입니다. 이것은 우리의 삶에도 그대로 적용됩니다. 우리가 우연히 존재하게 된 것이 아니라 목적 있게 창조된 것이라면, 그 목적을 알고 그 목적에 맞게 삶을 영위하는 것이 분명코 지혜로운 행동입니다.

하나님은 아무 생각 없이 어떤 목적도 없이 우리를 창조하지 않으셨습니다. 하나님이 우리를 '자신의 형상' 대로 창조했다는 것은 그만큼 우리를 소중하게 여긴다는 뜻이고, 그 속에는 어떤 의도가 담겨 있다는 것을 의미합니다. 그렇다면 우리의 삶이 가장 의미 있게 되는 비결은 우리를 창조하신 하나님의 의도와 목적을 알고 그 목적에 맞게 사는 것입니다. 이것이 바로 '하나님의 목적' 즉 '소명'을 따라 사는 삶입니다.

2) 하나님의 구원을 받아 새 생명을 얻은 존재

우리의 존재 의미와 목적을 알려주는 또 다른 이야기가 있습니다.

우리는 하나님을 알기 전 어떤 상태였나요? 에베소서는 이렇게 묘사합니다. "그 때에 여러분은 허물과 죄 가운데서, 이 세상의 풍조를 따라 살고, 공중의 권세를 잡은 통치자, 곧 지금 불순종의 자식들 가운데서 작용하는 영을 따라 살았습니다. 우리도 모두 전에는, 그들 가운데에서 육신의 정욕대로 살고, 육신과 마음이 원하는 대로 행했으며, 나머지 사람들과 마찬가지로 날 때부터 진노의 자식이었습니다."^{엡 2:2-3}

우리는 죄를 지어 사탄의 노예가 되어 고통당하면서 신음하고 있었습니다. 그럴 때 하나님께서 우리를 불쌍히 여기셔서 구원하기로 작정하셨습니다. "그러나 하나님은 자비가 넘치는 분이셔서, 우리를 사랑하신 그 크신 사랑으로 말미암아 범죄로 죽은 우리를 그리스도와 함께 살려 주셨습니다. 여러분은 은혜로 구원을 얻었습니다."^{엡 2:4-5} 그 결과, 우리는 죽음에서 생명으로, 사탄의 노예에서 하나님의 자녀로, 죄의 종에서 의의 종으로 변화되었습니다.

그런데 이 구원은 아무 대가 없이 주어진 것이 아닙니다. 세상 모든 것에는 값이 있습니다. 물건에도 값이 있습니다. 어떤 것을 소유하려면 값을 지불해야 합니다. 잘못을 하면 그에 대한 값을 치러야 합니다. 우리가 이렇게 살아있는 이유는 태어나면서부터 부모님이 우리를 위해 수고의 값을 치렀기 때문입니다. 이와 마찬가지로 우리가 죄를 지어 죽을 처지였는데, 그런 우리를 건져내기 위해서는 그것에 상응하는 값을 지불할 수밖에 없었습니다. 그것이 바로 예수 그리스도의 죽음입니다. 그가 우리를 대신해서 죽음의 형벌을 받았습니다. 이것을 대속이라고 합니다.

요약하면 이런 과정입니다. 우리가 죄를 지어 사탄의 노예가 되었고, 죽을 위험에 처하게 되었습니다. 그 때 하나님께서 우리를 불쌍히 여겨 구원하기로 작정하셨고, 예수 그리스도의 생명이라는 대가를 지불하셨습니다. 이것을 성경은 하나님이 값을 치르고 우리를 샀다고 말합니다. "여러분은 하나님께서 값을 치르고 사들인 사람입니다."고전6:20

그러면 이제 우리는 누구의 소유가 되었나요? 하나님의 소유가 되었습니다. 그렇다면 내 인생은 결코 내 것이 아닙니다. 나를 구원하셔서 살려주시고 자신의 자녀로 삼아주신 하나님의 것입니다. 이것이 사실이라면 이제 우리는 어떻게 살아야 할까요? "우리 가운데는 자기만을 위하여 사는 사람도 없고, 또 자기만을 위하여 죽는 사람도 없습니다. 우리는 살아도 주님을 위하여 살고, 죽어도 주님을 위하여 죽습니다. 그러므로 우리는 살든지 죽든지 주님의 것입니다."롬14:7-8

세상 사람들은 자신이 자기 삶의 주인이라고 주장합니다. 그래서 '내 인생은 나의 것'이라고 외치면서 자신이 원하는 대로, 살고 싶은 대로, 하고 싶은 것을 하면서 사는 것이 성공적인 인생이라고 생각합니다. 그러나 나를 자신의 형상으로 창조하셨고, 죄로 죽을 수밖에 없는 상황에서 구원해주시고 새로운 생명을 주신 분이 하나님이라면, 세상이 '네가 원하는 것을 하고, 네 꿈을 실현하는 것을 최고로 여기라'고 아무리 가르쳐도 우리는 '이 얼마나 좋은 말이냐?' 하면서 냉큼 받아들여서는 안 됩니다. 내 인생의 주인이 하나님이기 때문입니다. 우리는 하나님의 창조물이요, 예수 그리스도의 대속의 죽음을 통해 하나님의 소유가 되었기 때문에 나의 주인 되시는 하나님이 원하시는 일을 하고, 하나님이 원하시는 삶을 살아야 마땅합니다. 그것이 가장 현명하고 지혜로우며, 성공적인 인생을 사는 비결입니다.

3) 바른 질문

그렇다면 우리는 이렇게 말해야 합니다. '나의 하나님, 이제

저는 주님의 것입니다. 이제 주님께서 원하시는 삶을 살겠습니다. 주님, 제가 어떻게 살기를 원하십니까? 저의 삶을 향한 하나님의 목적은 무엇입니까?'

이 질문은 하나님의 부르심에 응답하는 것입니다. 하나님은 나를 자신의 형상으로 만들었고, 죄로 죽어야 할 상황에서 살려 주셨습니다. 목적이 있었기 때문입니다. 이 목적이 바로 우리를 향한 하나님의 '부르심'입니다. '내가 너를 내 형상으로 만들었고, 너를 구원해서 나의 자녀로 삼았다. 그 이유는 너를 내 앞에서 살게 하기 위해서다. 이런 의도를 담은 나의 마음의 소리가 네게 들리는가?'

하나님의 부르심을 '소명'이라고 합니다. 천지를 창조하시고 우리를 만드시고 우리를 구원하신 하나님께서 우리를 부르신 것을 '소명'이라고 합니다. 왜 부르셨을까요? 하나님은 우리의 삶에 의미와 목적을 부여하시고, 그것에 반응하는 삶을 살도록 우리를 부르셨습니다.

그렇다면 하나님의 부르심, 소명에 우리는 어떤 반응을 보여야 하겠습니까?

아프리카 어느 선교사의 이야기는 하나님의 부르심에 우리가 보여야 할 반응을 잘 예시해 줍니다. 선교사가 어느 마을에서 복음을 전하려는데 그 마을을 지배하고 있던 주술사의 방해가 극심했습니다. 주술사는 자신이 섬기는 정령의 능력으로 마을 사람들을 사로잡고 제왕처럼 군림하고 있었습니다. 선교사는 주술사와 대적했던 바울의 이야기에 힘입어 주술사를 하나님의 능력으로 굴복시켰고, 그를 지배하던 악령을 쫓아냈습니다. 다음 날 주술사가 짐을 싸들고 선교사를 찾아왔습니다. 무슨 일이냐는 선교사의 질문에 '이제 당신이 우리의 새로운 주인님이고 우리는 당신의 종입니다. 가장 능력 많은 자에게 굴복하고 종이 되는 것이 우리 종족의 원리입니다' 라고 대답했습니다. 주인이 바뀌었다는 것이고, 자신들은 당연히 주인의 종이 된다는 뜻입니다.

우리가 하나님의 것이라면, 우리도 이와 같이 반응하는 게 당연하고 마땅하고 자연스러울 것입니다. 그래서 바울은 "우리는 살아도 주님을 위하여 살고, 죽어도 주님을 위하여 죽는다"고 말합니다. 이제 내 삶의 주인은 내가 아니라 나를 구원해주신 하나님이시므로 내 뜻대로 사는 것이 아니라 하나님의 뜻대로 살아가는 것이라고 말하고 있습니다. 그러므로 이제는 내가 원하는 것을 하는 것이 아니라, 하나님이 원하시는 것을 하면서 사는 삶이야말로 가장 가치 있고 의미 있는 인생이 되는 것입니다.

죄로 인해 죽을 수밖에 없는 우리를 하나님께서 구원하셨다는 것을 믿나요? 우리의 구원은 예수 그리스도의 생명의 값을 치르고 얻은 것이라는 사실을 믿나요? 하나님이 참되고 유일한 신이며, 세상의 창조자요, 나의 구원자라는 것을 믿나요? 그래서 하나님이 나의 주님이라는 것을 믿나요? 우리가 이 질문들에 '네, 믿습니다' 라고 대답한다면, 나는 하나님의 소유이며, 하나님이 내 인생의 주인이라는 것을 인정하는 것입니다. 또한 그것은, 이제는 하나님의 부르심소명에 응답하면서 하나님께서 원하시는 삶을 살겠다고 고백하는 것과 같습니다. 내 인생의 주인이 하나님이기에.

2장

거룩한 삶의 소명

1. 여전히 이 땅에서 살아가는 이유

1) 신약시대 성도들의 오해

예수님의 제자들은 예수님이 메시아라면 로마의 압제를 끝내고 이스라엘을 해방하여 이 땅에 하나님 나라, 즉 유토피아를 건설할 것이라고 기대했습니다. 그래서 야고보와 요한의 어머니는 예수님이 왕으로 등극할 때 두 아들을 좌의정과 우의정으로 임명해 달라고 요청한 것입니다. 다른 제자들도 마찬가지로 이런 기대를 품었습니다.

그러나 예수님은 제자들의 기대를 뒤로 하고 십자가에 달려 허무하게 죽고 말았습니다. 모든 기대가 수포로 돌아가자 제자들은 일장춘몽을 뒤로 한 채 하나둘 고향으로 돌아가기 시작했습니다. 바로 그 때 예수님의 부활 소식이 들려왔고, 실제로 예수님이 그들 앞에 나타나 부활한 몸을 보여주셨습니다. 제자들의 기대가 다시 피어오르는 순간이었습니다. 그래서 제자들은 다시 물었습니다. "주님, 주님께서 이스라엘에게 나라를 되찾아 주실 때가 바로 지금입니까?" ^{행 1:6}

그러나 예수님은 이번에도 제자들의 기대를 저버리고 그들을 이 땅에 내버려둔 채 하늘로 올라가셨습니다. 막막한 표정으로 하늘로 올라가던 예수님을 바라보던 제자들 앞에 흰 옷 입은 두 사람이 나타나 "갈릴리 사람들아, 어찌하여 하늘을 쳐다보면서 서 있느냐? 너희를 떠나서 하늘로 올라가신 이 예수는, 하늘로 올라가시는 것을 너희가 본 그대로 오실 것이다" 하고 말해 주었습니다. 행1:11

제자들에게 또 다시 소망이 생겼습니다. 비록 오늘은 예수님이 하늘로 올라가시지만, 곧 다시 오셔서 이 땅에 하나님의 나라를 회복하거나, 아니면 자신들을 하늘로 데리고 갈 것이라는 기대가 생겼습니다. 그들은 '곧 다시 오겠다' 는 예수님의 말씀을 자신들이 죽기 전에 다시 오겠다는 뜻으로 이해했습니다. 그래서 그 기대감으로 선행을 격려하고, 고난도 견디고, 공동체를 위해 재산까지 다 팔아 바치는 것도 그렇게 어려워하지 않았습니다. 하지만 세월이 흘러도 예수님이 다시 돌아오지 않자 성도들 사이에서는 실망과 절망의 그림자가 점점 더 짙게 드리워지게 되었습니다. 이런 모습을 보고 염려가 된 바울은 예수님이 약속하신대로 반드시 다시 오실 것이니 포기하지 말고 서로 격려하면서 믿음의 삶을 지속적으로 살 것을 강조합니다. 살전4:18

2) 초대교회 성도들의 오해

주님의 재림을 기다리던 제자들도 모두 죽고 그들의 제자들 속사도 역시 세상을 떠나고 있고, 로마의 박해가 더욱 극심해져 수많은 성도들이 박해를 당해 순교하는 일이 빈번해지면서, 예수님이 곧 오신다는 기대가 완전히 무너지기 시작했습니다. 자신들이 살아 있는 동안에 주님이 다시 오실 것으로 기대했지만, 아무리 기다려도 그런 일이 벌어지지 않자 많은 성도들은 스스로의 힘으로 천국에 들어가려는 생각을 품기도 했습니다. 그러나 하나님이 부르지 않으시면 엘리야처럼 병거 타고 하늘로 갈 수도 없는 노릇이었습니다. 이 때 순교가 매력적인 대안으로 떠올랐습니다. 초대교회 성도들에게 순교는 고통스런 이 땅의 삶을 끝내는 것이며, 숭고한 믿음을 증거 하는 것이고, 하나님 품으로 인도해주는 것이었기에 가장 최선의 옵션이었습니다. 그래서 그들은 순교자를 영웅시 했고, 자신들도 순교자가 되기를 바랐습니다.

3) 우리의 동일한 바람

하나님이 분명히 살아계시고, 그가 계신 곳이 낙원이며, 그 곳에서 하나님과 함께 사는 것이 가장 행복한 삶이라면, 우리의 바람은 이 힘겨운 삶을 마치고 하나님이 계신 낙원으로 들어가고 싶다는 바울의 소망과 동일할 것입니다. "내가 원하는 것은, 세상을 떠나서 그리스도와 함께 있는 것입니다. 그것이 훨씬 더 나으나" 빌 1:23 그러나 우리의 바람과는 달리, 하나님의 뜻은 우리를 구원하신 후에 하나님 품으로 바로 데리고 가는 것이 아니라 자연적인 수명을 누리면서 이 땅에서 사는 것이었습니다. 예수님도 이런 뜻을 분명하게 비치셨습니다. "내가 아버지께 비는 것은, 그들을 세상에서 데려가시는 것이 아니라, 악한 자에게서 그들을 지켜 주시는 것입니다."요 17:15 하나님은 우리를 구원하신 후에 우리가 이 땅에서 하나님이 주신 생명이 다할 때까지 충실하게 살아가기를 원하신 것입니다. 그러므로 우리는 구원받아 새 생명을 얻은 이후에도 바로 천국으로 갈 것을 기대하지 말고 여전히 '험하고 힘든' 세상을 살아가야 합니다.

그런데 왜 하나님은 우리를 불러 바로 영광스런 하나님나라의 낙원으로 이끌어 들이지 않고, 이렇게 힘든 세상에서 계속 살게 하실까요? 도대체 하나님은 무슨 생각으로 우리를 이 세상에 남겨두신 것일까요?

4) 우리를 이 세상에서 계속 살게 하시는 하나님의 의도

이것을 알기 위해서는 하나님이 우리를 구원하신 목적이 무엇인지 이해해야 합니다. 많은 그리스도인들이 하나님의 구원을 예수 믿고 구원받아 '천국에 가는 것'으로만 생각합니다. 이는 구원을 미래적인 차원에서만 생각하는 것입니다. 하나님의 궁극적인 계획은 우리를 하나님의 완성된 나라로 이끌어 들이는 것이 분명합니다. 그러나 하나님의 구원은 미래적 차원뿐만 아니라 현재의 목적도 있습니다. 그것은, 때 묻고 죄로 물들어 있고 누추한 모습 그대로 천국으로 데리고 가려는 것이 아니라, 죄와 타락으로 더러워졌던 우리를 씻기고 변화시켜서 천국의 영광에 적합한 모습으로 최대한 만들려는 것입니다.

그 작업을 위해 우리를 일단 죄의 수렁과 심판에서 건져내서 자녀로 삼아주신 것입니다. 이것은 마치 다리 밑에서 거지 왕초에게 붙잡혀 빌어먹고 살던 아이를 구해내어 왕궁으로 데려가 왕자로 삼아준 것과 비슷합니다. 신분의 급격한 변화가 일어난 것입니다. 죽은 자에서 살아난 자로, 거지에서 왕자로, 죄와 사탄의 노예에서 하나님의 자녀로. 하지만 왕자로 삼아주었다고 해서 거지의 외모나 행동이나 생각이 갑자기 변해서 왕자처럼 되는 것은 아닙니다. 그 후에 실제로 왕자다운 모습을 갖춰야 하는 시간이 필요합니다. 우리의 구원도 마찬가지입니다. 신분적으로는 하나님의 자녀, 즉 왕자가 되기는 했는데 실제 모습은 전혀 아닙니다. 여전히 거지처럼 행색이 초라하고, 행동도 단정하지 않고, 생각도 거지 수준에 머물러 있습니다. 그렇다면 이 때 하나님은 무엇을 해야 할까요? 하나님이 하실 일은 우리를 새로운 신분과 정체성에 맞게 변화시키려고 교육하고 훈련하는 것입니다. 왕의 자녀라는 신분에 맞는 자로 변화시키는 것입니다. 이것을 성경은 이렇게 표현합니다. "하나님께서 우리를 불러 주신 것은, 더러움에 빠져 살게 하시려는 것이 아니라, 거룩함에 이르게 하시려는 것입니다."살전4:7 "여러분을 불러주신 그 거룩하신 분을 따라 모든 행실을 거룩하게 하십시오. 성경에 기록하기를 '내가 거룩하니 너희도 거룩하여라' 하였습니다."벧전 1:15-16

5) 첫 번째 소명

하나님이 우리를 불러서 자녀로 삼으신 목적, 하나님이 우리에게 기대하시는 것, 우리가 하기를 원하시는 것, 즉 우리를 향한 하나님의 첫 번째 '소명'은 하나님을 닮은 '거룩한' 사람으로 변화되는 것입니다. 죄와 타락으로 더러워졌던 우리가 변화되어 하나님나라의 영광에 적합한 '거룩한' 사람이 되는 것입니다.

우리는 소명의 삶, 하나님의 뜻대로 사는 삶을 종종 '어떤 일'을 하는 것으로만 생각하는 경향이 있습니다. 그러나 소명의 삶은 '무엇을 하는 것' 이전에 '어떤 사람이 되는 것' 입니다.

즉 '존재'에 대한 질문이 우선입니다. 우리는 일을 하도록^{to do} 부르심을 받기 전에, 존재하도록^{to be} 부르심을 받았습니다. 그러므로 오스 기니스의 말대로, "하나님의 소명은 '우리를 보내시는 것'으로 끝나긴 하지만, 먼저 '우리를 따로 구별하는 것'으로 시작하여 '우리를 바로 서게 하는 것'으로" 이어집니다. 오스 기니스, 『소명』(서울: IVP, 2000), 134

2. '거룩한 자' 가 된다는 것은?

거룩' 이라는 단어에서 연상되는 것은 무엇입니까? 무언가 '신비한' 느낌, 신비롭게 피어오르는 안개, 빛 속에서 들리는 하늘의 음성, 고요하고 작은 불빛만 있는 성당에서 퍼지는 은은한 성가, 이런 것들인가요? 그럼 '거룩한 사람' 이라고 할 때 연상되는 이미지는 무엇입니까?'

1) 거룩하신 하나님

'거룩' 이라는 단어에 가장 잘 어울리는 분은 '하나님' 입니다. 성경에서도 자주 하나님을 '거룩한 분' 으로 묘사합니다.

> "거룩하시다, 거룩하시다, 거룩하시다. 만군의 주님! 온 땅에 그의 영광이 가득하다." 사6:3
> "만백성아, 그 크고 두려운 주님의 이름을 찬양하여라. 주님은 거룩하시다!" 시99:3
> "주님, 신들 가운데서 주님과 같은 분이 어디에 있겠습니까? 주님과 같이 거룩하시며, 영광스러우시며, 찬양받을 만한 위

엄이 있으시며, 놀라운 기적을 일으키시는, 그런 분이 어디에 있겠습니까?"출15:11

"주님, 누가 주님을 두려워하지 않겠습니까? 누가 주님의 이름을 찬양하지 않겠습니까? 주님만이 홀로 거룩하십니다."계 15:4

하나님이 거룩한 분이라는 것은 신비로운 분위기를 말하는 것이 아닙니다. 하나님의 존재나 행동이 피조물과 '다르다' 는 것을 의미합니다. 즉, 구별된다는 뜻입니다. 하나님은 두 가지 점에서 피조물과 구별됩니다.

첫째, 하나님은 존재 자체가 피조물과 구별된 창조자이십니다. 피조물과는 달리 하나님은 완전한 영적 존재이고, 영원토록 존재하시고, 어디에나 계시고, 독립적으로 존재하시는 분입니다. 하나님은 피조물과 완전히 다른 존재이기에 피조물인 우리가 하나님을 볼 수도 없고, 만질 수도 없습니다.

둘째, 하나님은 피조물과는 다르게 완벽하게 의롭고 도덕적으로 깨끗한 분입니다. 그는 선하고 공의로운 분이고, 사랑 그 자체이십니다. 그에게는 어떤 악함도 찾아볼 수 없고, 약속한 것을 어기는 법도 없습니다. 이런 모습은 피조물과 대비됩니다. 그래서 하나님을 피조물과 구별된 거룩하신 분이라고 하는 것입니다.

2) 거룩한 자가 된다는 것

비록 우리가 하나님처럼 완전히 거룩한 자가 될 수는 없지만, 하나님은 우리가 자신을 닮아 세상에서 거룩한 자가 되기를 원하십니다. 세상 사람들과 신분정체성이나 행동이 다른 자가 되기를 원하십니다. 신분은 이미 변화되었습니다. 우리는 예수 그리스도를 믿음으로 말미암아 사탄의 자녀에서 하나님의 자녀로 정체성이 변화되었고, 그 결과 하나님은 우리를 하나님의 자녀요 성도, 즉 '거룩한 사람'으로 불러주십니다.

그러나 신분이 변화되었다고 해서 행동까지 변한 것은 아닙니다. 비록 우리가 교회에서 서로를 '성도'라고 부르지만, 우리 자신의 모습을 돌아보면 생각이나 행동이나 사는 모습이 별로 변화된 것 같지 않습니다. 우리가 하나님의 자녀가 되었지만, 하나님을 모르는 세상 사람들과 얼마나 구별되는지 불확실합니다. 신분은 변화되었는데, 아직 생각하는 것이나 행동하는 것은 예전 모습 그대로인 것 같습니다. 그래서 하나님은 "내가 거룩하니 너희도 거룩하라"고 말씀하시면서 생각이나 행동에서 우리가 하나님의 자녀답게 거룩한 자가 되기를 원하시는 것입니다.레 11:44, 벧전 1:16 변화된 신분에 맞게 생각하고 행동하도록 애쓰라는 것입니다.

우리의 존재를 변화시켜서 하나님의 자녀로 삼아주시는 것은 하나님의 일입니다. 그러나 하나님의 자녀답게 생각이나 행동에서 거룩한 자가 되도록 노력하는 것은 우리의 일입니다. 베드로의 권면이 바로 이와 같은 하나님의 뜻을 잘 보여줍니다. "순종하는 자녀로서 여러분은 전에 모르고 좇았던 욕망을 따라 살지 말고, 여러분을 불러주신 그 거룩하신 분을 따라 모든 행실을 거룩하게 하십시오."벧전 1:14-15

하나님의 자녀처럼 거룩한 자가 되려면 두 가지 측면에서 변화되어야 합니다. 첫째는 성품이 달라져야 하고, 둘째는 삶의 방식이 구별되어야 합니다.

3. 성품의 거룩함

1) 골 3:12-14

바울은 골로새교회 성도들에게 거룩한 사람이 되라고 권면하면서, 거룩한 사람이 보여주는 성품의 모습을 예시해줍니다. "그러므로 여러분은 하나님의 택하심을 입은 사랑 받는 거룩한 사람답게, 동정심과 친절함과 겸손함과 온유함과 오래 참음을 옷 입듯이 입으십시오. 누가 누구에게 불평할 일이 있더라도, 서로 용납하여 주고, 서로 용서하여 주십시오. 주님께서 여러분을 용서하신 것과 같이, 여러분도 서로 용서하십시오. 이 모든 것 위에 사랑을 더하십시오. 사랑은 완전하게 묶는 띠입니다."

지금 한국 교회 그리스도인들의 모습은 어떻습니까? 거룩한 모습을 보여주고 있습니까? 사람들이 왜 기독교를 '개독교'라고 부르면서 욕하고 있습니까? 겉으로는 거룩한 척 하지만, 실제로는 교만하고 이기적이고 욕심에 찌든 모습을 보여주기 때문이 아닌가요? 목사의 성적, 금전적 비리가 계속 뉴스를 타고 있습니다. 부정부패에 연루된 사람들 중에는 꼭 장로와 집사가 들어있습니다. 한때 비리에 연루된 사람들 중에 반드시 장로가 포함되어 있다고 해서 '장로 수난시대'라는 말이 유행한 적도 있었습니다. 사람들의 이야기를 들어보면, 불교인들은 선하고 베풀기를 잘하고 관대한데, 유독 기독교인들은 이기적이고 자신의 것만 엄청 잘 챙기고 고집이 세다고 합니다. 개인적 경험을 말한 것이지만, 지금 사람들이 기독교에 대해 가지고 있는 이미지가 이것과 별로 다르지 않은 것 같습니다. 어느 누구도 기독교인들이 더 거룩하다, 깨끗하다, 선하다고 생각하지 않습니다. 이러니 그런 기독교인들이 믿는 하나님이 영광은커녕 오히려 욕을 먹는 것이 당연하지 않겠습니까?

우리의 하나님은 세상을 사랑해서 독생자를 보내 죄인들을 위해 대신 죽게 하신 분입니다. 그의 아들 예수 그리스도는 세상을 구원하기 위해 권력의 자리를 버리고 비천한 세상으로 내려와 사람들을 섬기다가 억울하게 죽으신 분입니다. 그러므로 우리가 하나님의 자녀라면 당연히 아버지 하나님의 거룩하심을 본받아, 사랑하고, 긍휼을 베풀고, 희생하고, 친절하고, 겸손해야 합니다. 이런 모습이 우리를 이기적이고 자기 욕심만 챙기는 세상과 구별된 거룩한 사람으로 만듭니다.

2) 선한 사마리아인의 비유 (눅 10:29-37)

예수님은 예루살렘에서 여리고로 가다 강도를 만난 어떤 유대인의 이야기를 들려줍니다.

이 사람은 산 속에서 강도를 만나 모든 것을 빼앗기고 두들겨 맞아 거의 죽을 지경에 빠졌습니다. 제사장과 레위인이 그 길을 지나갔지만 두려움에 그냥 지나쳐 버렸고, 사마리아인이 지나가다가 그 사람을 불쌍히 여겨서 돌봐 줍니다. 예수님은 이야기 끝에서 '누가 강도 만난 사람의 이웃인가?' 라는 질문을 던지면서 우리도 그 사람처럼 하라고 말씀하십니다. 사마리아인의 선한 마음에 감동을 받은 우리들은 나도 그렇게 해야겠다고 결심합니다. 하지만 우리의 결심이 너무 섣부른 것은 아닌지 좀 더 신중하게 생각해야 합니다. 왜냐하면 사마리아인이 직면한 상황을 세밀하게 들여다보면, 그의 행동을 따라 하는 것이 그렇게 쉽지 않다는 것을 알게 될 것이기 때문입니다.

첫째, 그는 엄청난 위험을 감수했습니다. 강도가 출몰한 곳은 우범지대일 가능성이 큽니다. 그렇다면 언제 또 강도가 튀어 나올지 모릅니다. 그래서 제사장과 레위인이 빨리 도망쳤던 것입니다. 하지만 사마리아인은 이런 위험을 알면서도 피해자를 도왔습니다. 자신에게 닥칠지 모를 위험을 회피하려는 마음보다는 죽어가는 사람을 버려둘 수 없다는 '측은한 마음' 이 더

강했기 때문입니다. 혼자 길을 갔다면 더 빨리 위험지역을 벗어날 수 있었지만, 피해자를 데리고 가느라 걸음은 느려졌을 것이고, 그 만큼 위험이 가중되었을 것입니다. 그럼에도 불구하고 그는 도움의 손길을 내밀었던 것입니다.

둘째, 그는 자신과 아무 관계가 없는 사람을 위해 상당한 비용을 지불했습니다. 자신이 가지고 있던 올리브기름과 포도주를 다 사용했고, 여관 주인에게 이 사람을 돌봐달라고 부탁하면서 추가로 들어갈 비용까지 미리 지불했습니다. 그가 내놓은 두 데나리온은 현재 약 20만 원 정도 되는 금액입니다. 사마리아인은 굳이 이렇게 할 필요가 없었습니다. 아는 사람도 아니고 이 사람을 돌보아야 할 의무가 있는 것도 아닙니다. 그가 지불한 비용을 돌려받을 가능성도 없습니다. 그럼에도 불구하고 그는 자신이 우연히 마주친 사람을 돕기 위해 상당한 비용을 지불했습니다.

셋째, 그는 자신의 목적지를 향해 가던 중이었습니다. 할 일 없이 산보하던 중이 아니었다는 뜻입니다. 약속이 있었는지도 모릅니다. 해야 할 중요한 일이 있었는지도 모릅니다. 하지만 그는 강도 만난 사람을 돕기 위해 상당한 시간을 허비했습니다. 응급조치하는데 꽤 시간이 걸렸을 것이고, 자기 짐승에 태워 여관까지 데리고 가는 데도 한참이나 걸렸을 것입니다. 결국 여관까지 갔지만 해가 저물어 거기서 밤을 지내야 했습니다. 그가 지불한 시간적 비용도 상당한 것이었습니다. 그로 인해 그는 상당한 손해를 보았을지도 모릅니다. 하지만 그는 죽어가는 사람을 살려주는 것이 무엇보다 중요하다고 생각한 것입니다.

넷째, 그는 여관을 떠나면서 여관 주인에게 비용이 더 들면 돌아오는 길에 주겠다고 약속합니다. 후속 조치까지 단단히 해놓은 것입니다. 이렇게까지 할 필요가 있었을까요? 지금까지 돌본 것으로도 이미 충분하지 않은가요? 하지만 그는 피해자가 모든 것을 다 빼앗겼으니 혹시 비용이 더 들어가면 곤란한 상황에 빠질 수 있을 것 같아 미리 이런 조치까지 취한 것입니다. 이것은 그의 배려심이 상당하다는 것을 잘 보여줍니다. 눈앞에 보이는 필요를 채워주는 것에서 한 걸음 더 나아가, 앞으로 발생할 필요까지 예측해서 도와준 것입니다. 자신이 희생을 감수하면서까지.

우리는 강도 만난 사람을 지나쳐 간 제사장과 레위인을 너무 쉽게 비난합니다. 그러나 생각해봅시다. 레위인과 제사장, 그리고 사마리아인 중에서 누가 정상이고, 누가 비정상인가요? 누가 합리적으로 행동했고, 누가 어리석게 행동했나요? 제사장과 레위인은 위험을 피하는 정상적인 행동을 했습니다. 오히려 사마리아인이 위험이 닥칠지 모르는데도 자신을 보호하지 않는 정신 나간 행동을 했습니다. 좀 더 객관적인 관점을 위해서 이 사람들의 가족의 입장에서 생각해봅시다. 우리가 사마리아인의 가족이었다면 그의 행동을 무조건 칭찬해줄 수 있을까요? 내 남편이나 아내가, 아들이나 딸이 혹시 강도 만난 사람을 돕다가 무슨 일이라도 당하면 어찌하겠습니까? 이렇게 위험한 상황에서 상당한 비용을 썼는데 성인군자처럼 '참 잘했어요' 라고 말할 수 있는 가족이 얼마나 될까요?

그렇다면 이 비유를 통해서 예수님이 말하고 싶은 것은 결코 가볍지 않습니다. 도움이 필요한 다른 사람을 섬기고, 그의 이웃이 되어주라는 말씀은 그렇게 쉬운 일이 아닙니다. 섬김은 상당한 희생을 필요로 합니다. 다른 사람을 섬기다가 때로는 정신 나간 사람, 미친 사람 취급을 받을 수도 있습니다. 하지만 그렇게 하는 것이야말로 하나님을 닮은 거룩한 자의 모습이라는 것을 예수님은 말씀하고 싶었던 것입니다.

3) 초대교회와 전염병

선한 사마리아인의 선행은 현실적으로 따라 하기가 어렵게 느껴집니다. 하지만 기독교 역사에는 예수님의 말씀을 그대로 실천하려고 애썼던 사람들의 이야기가 폭포수처럼 쏟아져 내려옵니다. 전염병에 얽힌 이야기도 그 중 하나입니다.

어떻게 기독교가 300년 만에 로마의 국교로까지 부상할 수 있었을까요? 성령의 초자연적인 능력이 역사한 결과라고 말한다면 간단하겠지만, 언제나 그렇듯이 하나님은 사람들을 사용해서 일을 하시기 때문에 초기 교회의 부흥에도 하나님의 사람들이 보여준 어떤 모습이나 행동이 있었을 것이라고 보는 게 합리적입니다. 이런 관점에서 종교사회학자들이 발견한 초대교회 부흥의 요인은 우리에게 거룩한 그리스도인에 관해서 매우 중요한 사실을 알려줍니다. 로드니 스타크, 『기독교의 발흥』 (서울: 좋은 씨앗, 2016), 115-147

AD 165년과 251년에 로마 제국에는 혹독한 전염병이 돌았습니다. 의학이 발전하지 않았던 당시에 전염병은 두려움 그 자체였습니다. 치료할 수 있는 방책이 거의 없었기에 병에 감염된 사람들이 푹푹 쓰러지고, 많은 사람들이 죽어나갔습니다. 더욱이 전염병에 걸린 사람을 접촉하면 자신도 전염되기 때문에 사람들은 병에 걸린 사람들을 제때 돌보지 않고 피하는데 급급했고, 죽은 사람의 시체도 제대로 장사도 치러주지 않고 방치해버리는 일이 많았습니다.

그러나 모든 사람들이 다 이렇게 한 것은 아니었습니다. 동일하게 어려운 상황에서 기독교인들은 다른 모습을 보여주었습니다. 그들은 전염병 걸린 사람을 최대한 잘 간호해주었고, 죽은 사람의 장례도 잘 치러주었습니다. 본인들이 전염될 위험이 있다는 것을 알고 있었지만 형제를 사랑하고 돌보라는 하나님의 말씀에 순종하는 것을 더 우선으로 여겼기 때문입니다.

그 결과가 무엇이었을까요? 간호하다가 병에 전염된 사람도 있었지만, 초기에 치료를 하면 회복될 확률이 높았기 때문에 병에 걸렸지만 돌봄을 받아 목숨을 건진 사람들이 꽤 많았습니다. 이렇게 회복된 사람들은 면역력이 생겨 다시 전염병에 걸리지 않기 때문에 이제 이들이 위험 부담 없이 다른 사람들을 도울 수 있었습니다. 그 결과 로마인들의 피해는 엄청났지만, 기독교인들의 피해는 매우 적었습니다.

학자들은 이런 차이점에 기인한 두 가지 요인이 교회가 성장하게 된 원인이 되었다고 말합니다. 첫째는 전염병이 지나간 후에 로마 인구 중에서 기독교인의 비율이 상대적으로 높아졌다는 것입니다. 그들의 생존율이 더 높았기 때문입니다. 두 번째는, 기독교인들이 서로를 향해 보여준 섬김과 희생의 모습이 로마인들에게 큰 감명을 주어 전염병이 지나간 후에 많은 사람들이 기독교로 귀의하게 되었다는 것입니다.

300년대 초 로마 황제 율리아누스의 말은 기독교인의 구별된 모습이 로마 사회에 끼친 영향을 잘 보여줍니다. "무신론자들기독교인은 낯선 자를 사랑으로 섬기며, 죽은 자의 장례를 정성 껏 보살핌으로써 발전했다. 유대인은 거지가 하나도 없다. 우리는 동족이 도움을 구해도 돕지 않는데 이 신앙 없는 갈릴리 사람들은 가난한 동족뿐 아니라 우리의 가난한 자들도 보살핀다. 우리에게 수치가 아닐 수 없다."스티븐 니일, 『기독교 선교사』 (서울: 성광문화사, 1999), 42 그는 로마인들에게 이와 같은 동족애를 보여줄 것을 호소하였지만 뜻대로 되지 않았습니다. 기독교인들에게 있었던 한 가지가 로마인들에게는 없었기 때문입니다. 그리스도의 희생의 죽음에 감사하여 다른 사람에게도 사랑을 보여주겠다는 마음.

당시 전염병 환자를 치료하던 기독교인들은 자신도 전염될까 두려워하는 마음이 없었을까요? 당연히 있었을 것입니다. 그럼에도 불구하고 그들은 위험을 무릅쓰고 형제를 돌보았습니다. 오직 형제를 사랑하고 돌보라는 주님의 말씀에 순종하기 위해서. 이것이 기독교가 핍박받는 소수 종교에서 로마의 국교로까지 성장하게 된 중요한 요인이었습니다. 다른 말로 하면, 세상 사람들과 구별된 거룩한 모습이 기독교 성장의 밑거름이 된 것입니다.

4) 우리가 잃어버린 것

지금 이 땅의 그리스도인이 잃어버린 것이 무엇인가요? 세상 사람과의 '다름'과 '구별됨' 즉, '거룩한 모습'입니다. 기독교 초기의 그리스도인들과는 달리 지금 이 땅의 그리스도인들은 '다름'을 상실했습니다. 세상 사람들과 다를 바 없이, 섬김보다 권력을, 사랑보다 차별을, 용납보다 정죄를, 희생보다 자기 이익을, 겸손보다 자기 자랑을, 자비보다 배척을, 신실함보다 기회의 모색을, 정직보다 거짓을 추구하고 있습니다.

비리의 한복판에 있는 목사나 장로들을 욕하기는 쉽습니다. 그러나 거룩한 하나님의 자녀로서 거룩하고 구별된 성품을 보여주고 있는지 자신을 살피는 것은 고통스런 일입니다. 나의 주변에 있는 사람들은 내가 기독교인이기 때문에 자신들과 무언가 다르다고 생각할까요? 그런 모습을 보여주고 있나요? 다른 사람들을 비판하기 이전에 우리 자신을 돌아봐야 합니다. 하나님은 우리를 자신의 자녀로 불렀습니다. 그리고 자신을 닮아 거룩한 자가 되기를 원하십니다. 이것이 우리가 힘써서 응답해야 할 가장 우선적인 소명입니다.

4. 삶의 방식의 거룩함

1) 이 시대의 풍조를 본받지 말라

세상과 구별된 거룩한 자의 모습은 성품의 거룩함을 넘어서 하나님의 뜻에 어긋나는 '세상살이 방식'을 거부하고 복음의 원리에 충실하게 사는 것까지 의미합니다.

바울은 하나님의 은혜의 복음에 대한 원리를 길게 설명한 후에, 구원받아 하나님의 자녀가 된 자가 살아가야 할 방향에 대해서 이렇게 말합니다. "여러분은 이 시대의 풍조를 본받지 말고, 마음을 새롭게 함으로 변화를 받아서, 하나님의 선하시고 기뻐하시고 완전하신 뜻이 무엇인지를 분별하도록 하십시오."롬12:2 '이 시대의 풍조'는 하나님의 뜻과 다른 이 시대의 문화, 생활방식, 가치관을 의미합니다. 세상의 생활 방식과 가치관, 그리고 우리를 지배하고 있는 사회구조와 제도를 잘 분별하여, 그 중에서 잘못된 것을 맹목적으로 따르지 말라는 것이며, 오히려 하나님의 뜻을 분별하여 그 뜻대로 살아가도록 힘쓰라는 것입니다.

우리 시대가 유포하는 가치관이 무엇입니까? '이렇게 살아야 행복하다' '이렇게 살아야 성공한 인생이다' '이렇게 사는 삶이 좋은 것이다' 라고 주장하면서 우리를 유혹하고, 그것에서 이탈하면 불행해진다고 협박하고 있는 것이 무엇입니까? 좋은 대학, 좋은 직장, 좋은 차, 좋은 아파트, 명품 가방과 옷, 최신 전자기기 소유, 맛집 순례와 해외여행, 그리고 이 모든 것을 가능하게 해 주는 돈과 같은 것들이 아닌가요? 이것들을 확보하지 못하면 뒤떨어지고 실패한 인생이라는 생각이 들게 하지 않나요? 그런데 위에 열거한 것들을 잘 들여다보면, 사도 요한이 말하는 "세상에 있는 모든 것, 곧 육체의 욕망과 눈의 욕망과 세상 살림에 대한 자랑"과 유사하지 않은가요?요일 2:16

어느 40대 초반 직장인의 고민을 들은 적이 있습니다. 그는 요즘 은퇴 시기가 너무 빨라져서 불안감 속에서 직장 생활을 하고 있다고 합니다. 이렇게 하루하루 정신없는 직장생활을 하다 보면 퇴직 후의 삶을 준비할 수 없을 것 같아 어떻게든 스스로 퇴직해서 미래를 준비하고 싶지만 발목을 잡는 것이 너무 많다고 털어놓습니다. 거액의 대출을 받아 마련한 아파트, 욕구가 생길 때마다 카드 할부로 하나씩 마련한 온갖 물품들명품 가방, 골프채, 노트북, 카메라, 등산 장비, 수많은 옷들, 두 아이에게 매달 150만 원 이상 들어가는 영어유치원 교육비, 해외로 나가야 제대로 된 휴가라는 강박감에 매년 과도하게 지출한 휴가비 등등. 현재 누리고 있는 삶을 유지하려면 지금 돌리고 있는 쳇바퀴에서 절대로 내려올 수가 없고, 그 결과 매일의 삶이 힘겹다고 합니다. 내 삶을 주체적으로 이끌어가는 것이 아니라 그냥 떠밀려가는 것 같다고 합니다, 이제는 종종 내가 지금 뭐하고 있나 하는 자괴감이 드는 경우가 많아지고, 결국 이렇게 끌려가다가 퇴직하게 되고, 막막한 은퇴 이후의 삶에 직면하게 될 것 같아 두렵다고 합니다.

우리 사회에서 쉽게 볼 수 있는 이런 사람들의 모습은 기독교인이라고 크게 다르지 않습니다. 이것은 우리 사회가 끊임없이 주입한 '좋은 삶'에 세뇌된 결과이고, 이렇게 살아야 성공한 삶이요 행복에 이르는 삶이라는 매스컴의 유혹에 넘어간 결과입니다. 결국 수많은 사람들이 사회가 만든 쳇바퀴 속에 스스로 들어가 발을 구르면서 삶을 허비하고 있는 것입니다.

이것이 바울이 지적한 우리를 둘러싸고 있는 이 시대의 문화와 풍조의 힘입니다. 누가 만들었는지 모르는 이 흐름은 의식도 하지 못하는 사이에 나를 지배하면서 내 삶을 끌고 갑니다. 거대한 사회구조와 세속문화는 이것을 벗어나서는 생존할 수 없을 것 같은 위협적인 존재로 우리에게 다가옵니다.

그래서 사도 바울은 먼저 우리가 이러한 세상 풍조의 뒤에 도사리고 있는 실체를 정확하게 봐야 하며, 그 후에 그 실체와 제대로 된 싸움을 해야 한다고 말합니다.

"우리의 싸움은 인간을 적대자로 상대하는 것이 아니라, 통치자들과 권세자들과 이 어두운 세계의 지배자들과 하늘에 있는 악한 영들을 상대로 하는 것입니다."엡6:12

세상을 지배하고 있는 가치관의 배후에 '통치자들과 권세자들과 이 어두운 세계의 지배자들과 하늘에 있는 악한 영들'이 있다는 것입니다. 이 세력들이 사회구조와 문화, 가치관 같은 것을 통해서 우리를 은밀하게 지배합니다. 이들은 세상에서 인기가 많은 세속적인 생활방식을 자연스러운 것, 옳은 것, 당연한 것으로 여기도록 우리를 교육합니다. 그것을 따라야 성공적인 삶을 영위할 수 있다고 세뇌하고 압박합니다.

바울은 우리가 이러한 실체를 정확하게 보고, 그 세력에 대항해서 싸워야 한다고 가르칩니다. 지금 우리의 적은 총과 칼을 들이밀고 우리의 신앙을 테스트하는 악당이 아니라, 우리가 태어날 때부터 살고 있는 이 사회의 잘못된 구조와 문화, 그리고 우리가 맹목적으로 따르게 되는 가치관 같은 것들입니다. 그 뒤에 '하늘에 있는 악한 영들'이 있다는 것입니다. 하나님이 원하시는 삶의 방식을 교묘하게 흐리면서, 그것과 정반대되는 삶을 살아가도록 유혹하는 세력이 바로 '이 어두운 세계의 지배자들'이며, 우리는 이들과 싸워야 한다는 것입니다.

이 세력들에 대항해 적극적으로 싸우지 않으면 하나님의 자녀로서 구별된 삶을 살 수 없습니다. 하나님의 거룩한 자녀라면 세상의 흐름을 맹목적으로 따르지 않고, 하나님이 제시하신 삶의 방식 하나님과 돈을 동시에 섬기지 말라, 네 이웃을 네 몸같이 사랑하라, 서로 짐을 나누어지라, 등등을 따라야 합니다.

2) '보스-추종자' 시스템에 대한 저항 (살전 4장) 닉 페이지, 『바보들의 나라』 (서울: 포이에마, 2014), 273-276

데살로니가전서 4장에서 바울은 "하나님께서 우리를 불러주신 것은 … 거룩함에 이르게 하시려는 것" 7절이라고 말하면서, 거룩한 삶의 모습이 어떤 것인지 설명하고 있습니다.

"그리고 우리가 여러분에게 명령한 대로, 조용하게 살기를 힘쓰고, 자기 일에 전념하고, 자기 손으로 일을 하십시오. 그리하여 여러분은 바깥사람을 대하여 품위 있게 살아가야 하고, 또 아무에게도 신세를 지는 일이 없도록 해야 할 것입니다." 11-12절

이 구절은 평범한 이야기처럼 들립니다. '조용히 살아라' '자기 손으로 일하라' '아무에게도 신세를 지지 말라.' 그러나 이 편지를 썼던 당시의 사회 상황을 이해하면 바울의 권면이 굉장히 이례적임을 알 수 있습니다.

AD 1세기 무렵 로마에서는 세력 있는 사람이 보스가 되고

그를 추종하는 사람들이 그 사람과 '보스–추종자' 관계를 맺는 것이 일반적이었습니다. 이것이 경제와 정치와 사회를 움직이는 기본 원리였습니다. 보스는 추종자에게 경제적 지원을 해주면서 그의 청탁을 들어줍니다. 추종자는 보스의 지원에 대한 보답으로 정치적으로 보스를 지지하고, 보스의 호위병 역할을 하면서, 보스의 이익을 위해 헌신합니다. 추종자는 낮 일과시간의 대부분을 보스의 곁에서 보내면서 그가 베푸는 음식을 함께 먹고, 그에게 이익이 되는 일들을 처리해주었습니다. 추종자는 다른 일을 할 필요가 없었습니다. 보스를 잘 보필하고, 그의 이익을 위해 봉사하면 경제적 혜택은 보장되어 있었기 때문입니다.

상당수의 사람들이 이런 구조 속에 들어가 있었지만, 평민들이나 장사꾼들, 그리고 노예들은 예외였습니다. 그들은 이런 구조의 혜택을 누릴 수 없었습니다. 결국 당시에 정치적으로 보호를 받고, 경제적으로 안정적인 생활을 영위하는 사람들은 보스를 모시고 그의 이익을 위해 봉사하는 사람들이었습니다. 보스와 추종자는, 우리 식으로 말하면, '우리가 남이가~' 라는 의식으로 서로의 뒤를 봐주는 공고한 이권 그룹을 형성하고 있었던 것입니다. '자기 손으로 일하라' '아무에게도 신세를 지지 말라' 는 바울의 명령은 바로 이런 사회적 관행을 염두에 둔 명령이었으며, 당시 사람들도 이 명령이 '보스-추종자' 관계에서 벗어나라는 말이라는 것을 바로 이해했을 것입니다.

그렇다면 왜 이 시스템에서 벗어나는 것이 중요했을까요? 바울은 왜 당시 사회의 중심에 자리잡은 삶의 한 방식을 비판하는 권면을 했을까요? 왜 자기 손으로 일하라고 했을까요? '보스-추종자' 관계 속에 있으면 꽤 편하게 삶을 영위할 수 있다는 것을 잘 알면서 왜 그 관계에서 벗어나라고 요구했을까요? 거기에는 몇 가지 이유가 있었습니다.

첫 번째 이유는 이것입니다, 만약 추종자가 그리스도인으로 회심하면 어떤 일이 벌어질까요? 보스에 대한 의무와 예수님에 대한 신앙이 충돌하는 일이 발생하게 됩니다. 왜냐하면 추종자는 로마의 귀족인 보스를 따라 로마 신전에 가서 이방신 제의에 참여해야하고, 그의 하수인이 되어 다른 권력자에게 뇌물을 바쳐야 하고, 보스의 정적을 누르기 위해 음해하고 거짓을 유포해야 하기 때문입니다. 이것은 그리스도인이 맹목적으로 할 수 없는 일들입니다. 그래서 바울은 이 제도가 그리스도인의 거룩한 삶에 방해가 되는 것으로 파악한 것입니다.

두 번째 이유는, 보스-추종자 시스템은 사회의 특권적 소수들이 자신들만의 폐쇄적인 세력을 형성하면서 이익을 나눠 갖고, 다른 사람들은 철저하게 배척하면서 신분제나 계층화를 더욱 공고하게 하는 부작용을 초래하기 때문입니다.

세 번째 이유는, 바울은 마치 조폭 두목의 졸개 노릇을 하면서 그가 주는 것으로 먹고 사는 것과 같은 추종자의 삶은 노동을 하지 않는 것과 같다고 보았기 때문입니다. 바울이 생각하기에, 예수님의 뜻은 모든 사람들이 자기의 손으로 정당한 노동을 하는 것이었습니다.

이런 여러 이유로 바울은 '보스-추종자' 관계가 하나님의 뜻에 어긋난다고 생각했고, 성도들에게 이런 관계에서 벗어나라고 권면했습니다. 그러므로 '자기 손으로 일하라' '아무에게도 신세를 지지 말라' 는 것과 같은 매우 평범하게 보이는 권면은 당시 로마 사회가 돌아가는 방식에 대한 도전이며, 정치경제적 시스템에 저항하라는 상당히 과격한 지침이었습니다.

생각해보십시오! 보스-추종자 관계 속에 살던 사람이 그것을 포기하는 게 쉬웠을까요? 절대로 그렇지 않을 것입니다! 그것은 주류 권력 집단에서 이탈하는 것이며, 경제적 이익을 포기하는 것이며, 사회적 안전망을 걷어차는 것이기 때문입니다. 그럼에도 불구하고, 바울을 비롯한 초대교회 성도들은 하나님의 뜻에 어긋나는 사회 제도나 관습은 비록 그것이 큰 이익을 준다 할지라도 거부해야 한다고 생각했습니다.

우리 사회에도 '보스-추종자' 시스템과 유사한 형태의 관계들이 여전히 존재합니다. 불의한 권력자에게 빌붙어서 한 자리 차지하여 특권을 누리려는 사람들, 불의를 저지르는 회장님을 위해 충성봉사하면서 이권을 챙기는 사람들, 재산증식의 왕도라는 세간의 인식을 따라 부동산 투기 대열에 합류하는 사람들, 등등.

한국사회는 점차 경제력 차이가 새로운 신분제 사회를 낳고 있습니다. 부모의 경제력의 격차가 자녀교육의 격차로 이어지고, 그것이 또 다시 자녀의 경제력 격차로 연결되고 있습니다. 정치적인 또는 경제적인 사회 기득권층은 자신들만의 폐쇄적인 그룹을 형성하면서 자식들에게도 그 특권을 물려주려고 애씁니다. 이제는 대학 동문이라는 것은 별 의미가 없어졌고, 그 대신 강남의 자사고나 특목고 동문, 더 나아가 사립초등학교와 고급 유치원 동문을 통해서 폐쇄적인 사회적 연결망을 대물림하려고 시도하고 있습니다. 역으로, 우리 사회는 이 그룹에서 벗어난 사람들이 각종 특혜에서 밀려날 수밖에 없는 사회로 점차 이행하고 있습니다. '금수저-흙수저'라는 표현이 괜히 나온 것이 아닙니다.

하지만 우리를 더욱 슬프게 하는 것은, 특권적 사회 구조 속에서 이권을 누리는 사람은 소수뿐인데도, 다른 사람들 역시 이런 사회 현상을 비판하면서도 그 흐름 속에 들어가고 싶은 욕망에 사로잡혀 있다는 점입니다. 내가 그 특권 그룹에 들어가지 못하는 것이 안타까울 뿐이지, 그런 사회 구조가 잘못되었다고 생각하지는 않습니다. 나도 내 욕망을 채우고 싶고육신의 정욕, 좋은 것을 가지고 싶고안목의 정욕, 남들에게 과시하는 삶을 살고 싶은 욕망이 생의 자랑에서 자유롭지 못한 것입니다.

기독교인들은 이런 욕망에서 얼마나 자유로울까요? 우리도 동일한 욕망을 따르는 사회적 흐름에 편승하고 있는 것은 아닐까요? 그 흐름에 들어가지 못할까봐 불안해하고, 그 흐름에 못 들어가면 내 인생이 망한 것처럼 생각하고 있는 것은 아닌가요? 흙수저인 자신이 원망스럽고, 부모가 원망스럽고, 이 세상이 원망스러운 것이 아닌가요?

바울의 권면의 핵심은 우리가 세상의 욕망에 포로가 되지 말고, 그것을 과감하게 포기하고 새로운 방식의 삶을 따라야 한다는 것입니다. 그것이 하나님의 거룩한 백성의 삶의 방식이라는 것입니다.

3) 여성 존중 로드니 스타크, 149-195

AD 1-3세기 경 이스라엘이나 로마는 여자에 대한 차별이 매우 심한 사회였습니다. 유대인 남자들의 세 가지 감사기도 중에 '여자로 태어나지 않게 하신 것에 대한 감사'가 들어있다고 알려져 있는데, 로마 사람들도 별로 다르지 않았습니다.

우선, 로마 사회는 남아선호사상이 매우 심했습니다. 그래서 여자 아이를 버리는 것은 전혀 불법이 아니었습니다. 한 연구에 따르면, 델포이의 600가구 중에서 딸이 둘 이상인 가구는 고작 여섯 집에 불과했습니다. 일자리를 찾아 알렉산드리아로 온 힐라리온이라는 노동자가 임신한 아내 알리스에게 보낸 편지에도 이런 시대적 상황이 잘 나타납니다. "나는 아직 알렉산드리아에 있소. ... 우리 아들을 잘 보살펴주길 바라오. 급여를 받는 즉시 당신에게 보내겠고. 내가 집에 돌아가기 전에 아이를 낳는다면, 아들이면 두고 딸이면 버리시오."

두 번째로, 로마인들은 자녀를 많이 낳는 것을 좋아하지 않았기 때문에 낙태가 만연하였습니다. 낙태 결정권은 전적으로 남성에게 있었기에 억지로 낙태를 해야 했던 여자들이 낙태하다가 많이 죽었습니다. 의술이 열악하여 쇠갈고리, 검증되지 않은 약물, 복부 가격 등의 원시적 방법을 사용했기 때문입니다. 이런 이유로 로마는 남성 인구가 기형적으로 많아졌습니다. 대부분의 사회에서 여자 대 남자의 비율이 100 대 105 정도인 반면에, 당시 로마 사회는 여자 100명에 남자가 135명 이상이었습니다. 여아 낙태가 만연한 결과였습니다.

세 번째로, 당시 로마의 법은 여자 아이들이 12세가 되면 합법적으로 결혼할 수 있다고 규정했습니다. 그러나 실제로는 그보다 이른 나이에 부모의 강요로 결혼에 내몰리는 여자 아이들도 많았습니다. 그래서 당시에 기록된 여러 문서에 12세 결혼 규정을 되도록 지키라고 권고하는 말이 남아 있고, 그 이전에 결혼했다면 12세가 되어야 합법적으로 아내로 인정받을 수 있다는 경고문도 기록되어 있었던 것입니다. 너무 어린 나이에 결혼하여 각종 노동과 성관계에 시달리면서 여자들의 몸은 급격히 망가졌습니다.

넷째, 결혼한 여자에게는 성적 정절이 엄격하게 요구되었지만, 남자들에게는 성적 방종이 허용되었습니다. 그래서 당시에는 창녀나 정부가 엄청나게 많았다고 알려져 있습니다. 극심한 이중 잣대가 사회적 규범으로 자리 잡고 있었던 것입니다.

이렇게 여성차별이 극심한 사회 속에서 교회는 예수님의 가르침을 따라 혁명적인 복음을 선포했습니다. 여자뿐만 아니라 남자에게도 성적 정절을 지킬 것을 요구했고, 너무 어린 나이에 결혼하지 않도록 권고했고, 낙태는 절대 금지했고, 여아 살해나 유기도 금지하고, 버려진 아이들은 데려다가 살려주었습니다. 3세기 문서에 보면 어떤 여자의 이름이 '똥 무더기에서' 라고 기록되어 있는데, 이것은 그 여자가 버려졌던 아이였다는 것을 드러내주는 것입니다. 또한 교회에서 여자에게도 중요한 역할을 맡기면서 사회에서는 생각할 수 없을 정도로 여자들의 역할과 지위를 보장해주었습니다.

사회의 흐름과 정반대로 가는 교회와 그리스도인의 행보가 어떤 결과를 가져왔을까요? 로마 사회의 여성차별적인 사회구조에 염증을 느낀 여자들이 여성을 존중하는 혁명적인 가르침을 설파하는 기독교로 대거 귀의하게 되었고, 그들을 통해서 남편이나 가족까지 교회로 오게 되는 일이 일어났습니다. 이것이 결국 로마를 기독교화하는 힘으로 작용한 것입니다.

후일에 기독교가 제도화되면서 남성 위주로 재편되고, 여성들은 점차 교회에서 목소리를 잃게 되는 퇴화현상이 벌어졌지만, 사회적 관습에 정면으로 도전하면서 예수님의 가르침을 생생하게 따랐던 초대 교회는 결코 그렇지 않았습니다. 복음으로 무장한 하나님의 거룩한 사람들은 잘못된 사회 흐름과 관습에 도전하면서 그들과 다른, 즉 거룩한 새로운 삶의 질서를 만들어 갔습니다.

이것이 하나님의 뜻대로 세상의 흐름을 거부하고, 거룩하고 다르게 살아갔던 제자들과 초대교회 성도들의 모습이었습니다. 그들은 자신을 구원해주신 예수님을 본받아 살려고 애썼습니다. 그러다보니 당대의 관습과 문화를 거슬러 살게 되었고, 주류 사회의 흐름에서 벗어나게 된 것입니다. 그들은 그렇게 살다 생기는 불이익도 전혀 두려워하지 않았습니다. 이미 자신들은 그리스도 안에서 죽은 자였고, 하나님의 종이라고 생각했기 때문입니다. 열심 있는 소수의 그리스도인들만 그렇게 산 것이 아니었습니다. 구원의 은혜를 경험한 모든 그리스도인, 그리스도와 함께 죽고 다시 살았다는 것을 선포하는 세례를 받은 모든 그리스도인들이 이런 삶의 대열에 동참했습니다. 그래서 초대교회에서 급진파는 따로 없었습니다. 모든 사람들이 다 급진파였기 때문입니다.

기독교인들이 기존 관습을 맹목적으로 추종하는 사람들과는 다르다는 소문이 퍼지면서, 주변 사람들이 하나둘 기독교로 귀의하는 일이 벌어졌습니다. 신자들이 거리에서 열심히 전도했기 때문에 주변 사람들이 기독교인이 된 게 아니었습니다. AD 300년 무렵까지 기독교인들이 로마제국의 중심부 거리에서 찬양하면서 전도했다는 증거는 전혀 없습니다. 또한 멋진 예배를 드렸기 때문도 아니었습니다. 심야에 무덤이나 골방에서 드리는 그들의 예배에는 외부인이 거의 참석할 수 없었기 때문입니다. 로마인들은 시류를 거슬러 가면서 세상과 싸우고, 주변 사회와 문화의 기대와 정반대로 행동하고, 세상의 잘못된 관습과 가치관에 도전하는 그리스도인의 삶을 보면서 새로운 삶이 가능하다는 것을 알게 되었고, 노예나 여자나 장애인을 포함하여 누구나 인간답게 살 수 있다는 소망을 발견했기 때문에 하나둘 교회로 들어오게 된 것입니다. 어느 로마인의 말처럼 '이들의 아름다운 삶이 낯선 사람들을 교회로 이끌었던 것' 입니다.

4) 질문을 던지는 그리스도인

우리는 이 세상의 세속적 흐름을 향해 질문을 던져야 합니다. 돈이 얼마나 있어야 행복할까요? 물건은 얼마나 소유해야 할까요? 집이 필요하니 돈을 벌어야 한다고 합니다. 각종 전자기기들, 명품 가방이나 옷을 사기 위해, 맛집 순례를 하고, 해외여행을 다니기 위해 돈을 벌어야 한다고 합니다. 그것들을 소유하고 즐겨야 행복한 것일까요? 그렇게 하지 못하면 인생이 비참한 것인가요? 우리나라의 휴대전화 교체 주기는 세계에서 가장 빠르다고 알려져 있습니다. 승용차의 평균 크기 역시 세계 최고 수준입니다. 패션 유행 주기도 세계에서 가장 빠릅니다. 이런 세태는 우리가 '소유와 소비'의 노예가 되고 있다는 것을 보여주는 작은 증거들입니다. 그 결과 우리는 계속 돈의 노예로 살아가게 됩니다. 청빈, 검소, 절약, 적게 소유하고 많이 나누는 삶과 같은 표현들은 더 이상 들을 수 없는 세상이 되었습니다. 이런 세상에서 우리도 이 흐름에 휩쓸려 가고 있는 건 아닌가요?

절대적인 개인 소유권과 능력에 따른 줄 세우기로 대표되는 자본주의적 삶이 절대적인 것인가요? 대기업 등기임원은 직원들의 평균 연봉의 12배가 넘는 연봉을 받습니다. 8억8천만 원 vs. 7200만 원 최고경영자는 직원 연봉의 50-60배를 더 받습니다. 30-60억 원 회사의 평직원과 임원 사이에 임금 격차가 이토록 크게 벌어지는 게 당연한가요? 의사는 돈을 더 많이 벌고 버스 기사는 덜 버는 게 정당한가요? 직업에 따른 보수 체계는 도대체 누가 만들었을까요? 쿠바는 의사와 버스기사의 임금이 동등하며, 스웨덴은 포클레인 기사가 대학교수보다 돈을 더 많이 받는다는 사실에 비추어보면, 우리나라의 임금 체계는 누군가 그렇게 만들어 놓은 것이며, 공동체적 사고가 결여된 개인주의적 무한경쟁 정신에 기초한 체계라는 점을 잘 보여줍니다. 그러므로 이런 시스템을 무조건 당연하게 여기는 것은 세대의 흐름을 맹목적으로 추종하는 것밖에 안 됩니다. 우리는 오히려 이런 흐름이 정당한지 질문을 던져야 합니다.

힘든 과정을 거쳐 의사가 되어 중형병원 소아과에서 일하고 있는 어느 의사의 삶은 세상의 일반적인 흐름에 도전하는 모습을 잘 보여줍니다. 그는 병원에서 몇 년 일하다가 선배 의사들의 모습을 보면서 고민을 하기 시작했습니다. 선배 의사들은 다른 직장인에 비해 돈을 많이 법니다. 해가 바뀌면 차가 더 좋은 것으로 바뀌고, 옷이 바뀌고, 식사 단가가 달라지고, 집이 바뀌고, 사는 동네가 바뀌는 모습을 보게 됩니다. 후배 의사들도 그것을 부러워하면서 자신들도 조만간 그 길을 따를 것으로 기대합니다. 이 젊은 의사는 '나도 그 길을 따라 가는 게 맞나?' '나는 안락하고 편한 삶을 살려고 의사가 되었나?' '의대에 들어가려고 하나님께 간절히 기도했던 동기가 이런 삶을 누리려는 것이었던가?' 하는 생각을 하게 되었습니다.

여러 날 고민 끝에 그는 결단을 내렸습니다. 병원에 사직서를 내고 해외 자원봉사를 신청했습니다. 일단 1년 동안 르완다에 가기로 했습니다. 그러나 떠나기 바로 직전까지 주변 누구에게도 그 말을 할 수 없었습니다. 친구들에게 얘기하면, '너 미쳤니?' '네가 뭐 그렇게 잘났냐?' 하며 손가락질 할 것 같았기 때문입니다. 부모님께도 떠나기 전 날에야 말씀드렸습니다. 부모님은 예상대로 노발대발하셨습니다. '우리가 너를 어떻게 공부시켰는데, 그 험한 곳을 도대체 왜 가려고 하냐?' '갔다가 돌아오면 너는 뒤쳐질 텐데…' 결국 그는 탄탄대로를 걷는 편한 삶을 걷어차 버리는 이상한 놈이 되었습니다.

그러나 그에게는 예수님이 말씀하셨던 좁고 험한 길을 걸어가는 것, 네 이웃을 네 몸같이 사랑하며 사는 것, 그리고 이 세대를 본받지 않고 하나님의 뜻을 따르는 것이 한국사회에서 의사가 되어 경제적 혜택을 누리면서 살아가는 것보다 가치 있는 삶이라는 신앙적 확신이 있었습니다. 그는 하나님의 부르심을 따라 다르게 살기로 작정했습니다. 세상의 주된 흐름을 따르지 않기로 작정하고 이 땅을 떠났습니다. 1년을 머물 예정으로 떠났지만 3년을 르완다에 머물렀습니다. 3년이 지나 귀국한 후, 그는 일반 병원으로 돌아가지 않고 의료협동조합 병원의 일원이 되었습니다. 수입은 일반병원의 1/3 정도밖에 안 되지만, 환자를 돈으로 보지 않고, 돌봐야 할 가족으로 대하려는 협동조합 정신이 좋았기 때문이었습니다.

그는 사람들이 아무 생각 없이 따르는 넓은 길에 대해 의문을 제기하고, 그 길에서 벗어나, 세상의 흐름을 따르지 않는 다른 길을 가고 있습니다. 그것이 세상의 공중 권세 잡은 자들에게 굴복하지 않고 하나님의 거룩한 자녀처럼 사는 길이라고 확신했기 때문입니다.

5. 우리는 누구인가?

1) 하나님의 거룩한 자녀

우리는 세상을 창조하시고, 지금도 주관하고 계시고, 종말에 심판하실 거룩한 하나님의 형상으로 창조된 자들입니다. 우리는 하나님의 은혜로 구원받아 하나님의 거룩한 자녀가 된 사람들입니다. 그래서 세상 사람들과 다른 사람들입니다. 구별된 사람들입니다. 그런데 하나님의 거룩한 자녀가 왜 세상에 끌려다닙니까? 왜 세상을 따라가려고 아등바등합니까? 왜 세상을 흉내 내려고 애쓰고 있습니까?

지금 정통 기독교에 속한 수많은 기독교인들은 오히려 자신의 정체성을 잊고 세상을 따라가기 위해 애쓰고 있는 반면에, 우리가 이단으로 비판하는 여호와의 증인 신도들은 오히려 세상을 거슬러 구별된 삶을 살려고 애쓰고 있습니다. 여호와의 증인 청년들은 자신들이 확신하는 하나님의 뜻을 따라 병역을 거부하고 있습니다. 그 결과 몇 년씩 감옥에 갇혀 있어야 하는데도 그런 상황을 회피하지 않습니다. 대한민국 사회에서 병역을 거부한 결과는 단지 징역 몇 년 사는 것으로 그치지 않습니다. 병역 거부자라는 낙인은 평생 동안 그들을 따라다닙니다. 대한민국에서 이런 낙인을 받고 정상적인 생활을 한다는 건 너무 어렵다는 사실을 우리는 모두 잘 알고 있습니다. 그들은 평생 동안 공직을 맡을 수도 없고, 대기업에 취업하기도 거의 불가능합니다. 이런 막대한 불이익을 당해야 한다는 사실을 명확히 알고 있음에도 그들은 묵묵히 이 길을 선택합니다. 그것이 하나님이 원하는 길이라는 확신이 있기 때문입니다.

그러나 정통 기독교라고 하는 교회에서는 누가 더 세상을 잘 따르는가 하는 것으로 경쟁하고 있습니다. 누가 더 좋은 학교에 가는지, 누가 더 좋은 직장에 들어가는지, 누가 더 돈을 많이 버는지, 누가 더 높은 자리에 올라가는지, 누가 더 유명해지는지와 같은 것으로 경쟁하고 있습니다. 이런 것을 성취한 사람들이 칭송을 받고, 간증자로 나서고, 장로와 권사 같은 교회의 직분을 더 잘 받게 됩니다.

우리는 여호와의 증인을 이단이라고 규정하고 우리가 바른 신앙을 가진 정통 기독교라고 주장합니다. 그러나 이단이라고 비난하는 그들은 자신이 확신하는 하나님의 말씀을 따르기 위해서 인생 전체를 던지고 있는 반면, 정작 정통이라고 자부하는 기독교인들은 하나님의 말씀을 존중하지도 않고, 하나님을 모르는 자들과 거역하는 자들이 만들어 놓은 삶의 방식을 열심히 따르고 있는 아이러니한 모습을 보여주고 있습니다.

그 결과가 무엇입니까? 정통 기독교로부터 수많은 박해를 받아왔던 여호와의 증인은 진작 소멸되고, 세상에 잘 적응하고 있는 정통 기독교가 더욱 번성해야 할 것 같지만 현실은 정반대입니다. 여호와의 증인은 여전히 건재한 반면, 오히려 정통 기독교가 힘을 잃고 쇠퇴하는 모습을 보이고 있습니다. 이것은 놀랄 일이 아닙니다. 오히려 이것은 하나님의 원리에 부합합니다. 세상을 닮아가는 자들은 세상에 동화되어 정체성을 잃고 사라져버립니다. 그러나 세상과 다르게 사는 자들은 비록 핍박을 받고 고난을 당할지언정 결코 사라지지 않고 더욱 강한 존재로 나타납니다. 핍박 속에서 더욱 번성했던 초대교회와 우리나라 기독교 전래 초기의 교회들이 이 사실을 분명하게 증명해주고 있지 않습니까? 그러므로 정통 기독교인들이 하나님을 따르기 위해 희생을 각오하는 모습을 회복하지 않는다면, 교회는 우리의 불순종 때문에 앞으로도 계속 쇠퇴할 것입니다.

2) 바보처럼 사는 자들

거룩하고 다르게 살다 보면, 이 세상에서 바보로 인식되고 비정상으로 보일지도 모릅니다. 모든 사람들이 좋아하는 돈, 권력, 안락한 집, 좋은 교육, 편안한 노후를 추종하는 삶에서 이탈하는 사람은 어리석게 보이기 때문입니다. 하지만, 그렇다고 개의치 말아야 합니다. 세상 사람들이 바보라고 하면 어떻습니까? 모자란다고 하면 어떻습니까? 오히려 공중권세 잡은 자들이 약속해주는 신기루와 같은 것을 맹목적으로 추종하는 자들이 하나님을 모르고, 구원을 모르고, 진정으로 의미 있고 가치 있는 삶이 무엇인지 모르는 바보들이 아닌가요? 세상의 손가락질과 비난과 조롱을 부끄러워하면 지는 것입니다. 비록 우리가 가진 것이 별로 없고, 사회적 지위와 권력도 없지만, 누군가 말한 것처럼 '가오'가 없는 것은 아닙니다. 우리 아버지가 온 세상 만물을 창조하신 하나님이신데, 자존심이 있지.

세상과 다르지 않은 기독교인은 진짜 기독교인이 아닙니다. 하나님의 자녀가 아닙니다. 새 사람이 아닙니다. 하나님이 거룩하고 구별되고 다른 분인데 그의 자녀가 어찌 세상과 똑같을 수가 있겠습니까? 그것은 사이비요 가짜입니다. 그러므로 우리는 스스로 점검해야 합니다. 하나님은 내게 어떤 분이신지, 나는 새 사람이 되었는지, 나는 거룩한 자로 살고 있는지.

하나님은 우리를 불러서 구원하시고 이 소명을 주셨습니다.

세상에서 거룩한 자가 되는 소명, 세상과 다르고 구별되게 살아
가는 소명, 그래서 하나님의 자녀라는 것을 드러내는 소명. 이
것이 우리가 받은 첫 번째요 가장 중요한 소명입니다. '무엇을
하는 것' 보다 '어떻게 사는가' 하는 것이 더 중요하고 의미가 있
습니다. 그것이 우리의 '존재'를 규정하는 것이기 때문입니다.

거룩한 자가 되고, 구별되고 다른 삶을 살기로 결심하는 모
든 이들에게 하나님의 은혜가 함께 할 것입니다.

3장

소명에 관한 세 가지 오해

두 번째 소명을 다루기 전에 한국교회에서 종종 잘못 이해되고 있는 세 가지 개념을 짚고 넘어가야 합니다. 일반적으로 소명에 대해 말할 때 주로 이 세 가지를 언급하게 되는데, 마치 이 세 가지가 소명의 전부인 것처럼 강조하는 것은 문제입니다. 이 세 가지는 소명의 아주 작은 일부분일 뿐이기 때문입니다. 또한 한국교회에서 하듯이 이 세 가지를 지나치게 강조하면, 소명에 대한 왜곡이 일어날 위험이 생깁니다. 그러므로 소명에 대한 세 가지 오해를 바로잡는 것이 소명의 삶을 살아가는 데 매우 중요합니다.

첫 번째 오해가 '성직적 소명관' 입니다.

●성직적 소명관●

1. 초대교회의 혁신과 중세교회의 퇴보

1) 혁신적인 가르침

예수님이 보여주신 행동과 그가 선포하신 복음은 당시 사람들에게는 충격적인 것이었습니다. 예수님은 종교 지도자들의 권위에 정면으로 도전하셨고, 선생으로 인정받았지만 가난하고 비천한 사람들과 가깝게 지내셨고, 사회적으로 인정받지 못하던 여자들도 전혀 차별하지 않으셨습니다.

예수님의 가르침을 따라 초대교회는 귀족과 노예가 한 공동체를 이루었고, 가진 것을 서로 나누는 경제적 평등 공동체를 형성했고, 유대인과 이방인의 구별을 없애버리는 인종적 화해 공동체를 만들었고, 여성들을 존중하고 인정하는 상호존중의 공동체를 이루었습니다. 이와 같은 교회의 혁명적인 가르침과 실천은 로마 사회에 큰 충격을 주었고, 변화를 이끌어내었습니다.

2) 중세교회의 퇴보

그러나 기독교가 로마 사회의 핵심적 위치를 차지하고, 정치적 권력과 기독교가 친밀한 관계를 맺게 되면서, 기독교는 사회 개혁의 동력을 상실하고 '기성 질서'로 변질되기 시작했습니다. 점차 교회 지도자들은 교인들에게 사회 질서를 받아들이고 주어진 사회적 역할을 잘 감당하도록 가르치기 시작했습니다.

교회는 다양한 가르침을 통해서 사회질서를 수용하는 세계관을 강화했는데, 그 중 대표적인 사상은 세상에 존재하는 모든 것들이 위계적 구조를 갖고 있다는 것이었습니다. "인간 사회는 하나님이 창조하신 우주적 위계질서의 일부이자 그것을 반영하는 거울로 여겨졌다. 무덤에 들어가면 모든 인간이 똑같지만, 살아 있는 동안은 그렇지 않다. 그들은 불평등하게 창조되었을 뿐 아니라, 위계질서가 있는 사회에서 서로 다른 불평등한 위치를 차지하도록 창조되었다." 니콜라스 월터스토프, 『정의와 평화가 입맞출 때까지』 (서울: IVP, 2007), 28 이 사상은 사람들을 순응적으로 만들고, 사회 부조리에 대한 저항 의식을 억눌렀습니다.

그렇다고 해서 현실의 사회 문제가 사라지고 불만이 해소되는 것은 아니었습니다. 권력자들과 성직자들은 부유하게 살았지만 서민들은 여전히 힘겨운 삶을 살았습니다. 이런 사회현상에 대해 당연히 불만이 쏟아지게 되고 그것이 사회를 뒤흔드는 요인으로 작용할 수 있기 때문에, 이러한 움직임 또한 제대로 제어되어야 했습니다.

그 방법으로 제시된 것은 현실 문제로부터 사람들의 관심을 돌리는 것이었습니다. 현세의 삶이 힘겨워도 우리에게는 내세의 복된 삶이 기다리고 있으니 현실을 참고 견디자는 내세지향적 신앙을 강조한 것입니다. 당시 지도자들의 가르침을 요약하면 이렇습니다. "이 물리적 세계는 우리의 본향이 아니다. 우리는 순례의 길을 걷고 있는 나그네일 뿐이다. 이 세상은 궁극적 가치를 가지고 있지 않으며, 우리 앞에 열려 있는 또 다른 세상-변치 않고 썩지 않는 영원한 세상-에 비해 열등하다."**월터스토프**,23 "우리의 참된 행복은 최고의 실재인 하나님과 연합되는 데 있으며, 명상은 그것을 가능케 해주는 수단이다. 사회유지에 필요한 일상적 일들을 수행하는 것-채소를 키우고, 길을 닦고, 정부를 운영하는 등-의 가치는 그런 일이 종교적 의미를 가지고 있어서가 아니라, 현세의 삶을 지탱하는 데 필요하기 때문이다."**월터스토프**,24 이러한 내세지향적 인생관은 현실의 모순에 눈을 감게 할뿐만 아니라, 필연적으로 '성속 이원론'을 낳게 됩니다. "실재를 성스러운 영역과 세속적 영역"으로 구분합니다. 그래서 우리가 할 일은 이러한 저급한 실재로부터 등을 돌리고 더 고상한 실재로 나아가는 것이라고 가르칩니다.

성속 이원론은 자연스럽게 또 다른 이원론으로 이어지는데, 그것은 '사제−평신도 이원론'입니다. 성스러운 영역을 책임지는 사람과 세속적인 영역을 책임지는 사람을 구분하는 것입니다. 내세, 하나님과의 연합, 명상, 종교적 행위의 가치를 높이다보니 자연스럽게 그 일을 담당하는 '사제'들이 특별한 사람이 됩니다. 그 결과, '하나님의 거룩한 소명'은 오직 사제들에게만 해당되는 것으로 인식하게 됩니다. 즉 하나님의 소명은 오직 '성직적 소명'만 존재하게 되는 것입니다. 이에 대해 월터스토프는 이렇게 말합니다. "중세 교회에서는 평범한 직업이 소명으로 묘사되는 경우가 거의 없었다. 소명이란 특별한 종교적 직업으로서 보통은 교회에서 공식적으로 임명한 직책이었다." **월터스토프, 43**

이와 같은 중세의 성직적 소명 개념은 여러 가지 부정적인 결과를 낳았습니다. 첫째, 사제를 제외한 일반 성도들은 열등한 존재가 되어버렸습니다. 아무리 신앙이 좋고 하나님을 위해 헌신해도 사제가 아닌 한 사제가 받을 수 있는 인정을 획득할 수 없었습니다. 둘째, 성직만 소명으로 인식되면서 다른 일들은 모두 소명과 관계없는 것이 되어버렸습니다. 그 일이 사회적으로 얼마나 고상하고 의미가 있는지 여부와 상관없이, 우리의 삶을 영위하기 위해 어쩔 수 없이 하는, 하나님과 아무 상관없는 무의미한 일이 되어버렸습니다. 셋째, 가장 심각한 결과는, '소명'이 특수한 단어가 되어버렸다는 것입니다. 성경의 의도와는 달리 '소명'은 특별한 사람과 관련된 표현이 되어버렸습니다.

3) 중세교회를 추종하는 한국교회

지금 한국교회에서 회자되고 있는 소명관은 중세 가톨릭의 소명관에서 크게 벗어나 있지 않습니다. 한국교회에서는 목사나 선교사가 되려는 사람을 '소명 받은 사람'이라고 합니다. 거꾸로, '소명 받은 사람'이라고 하면 바로 떠오르는 사람이 목사나 선교사들입니다. 한국교회에서는 목사나 선교사를 제외한 다른 직업을 가진 사람을 '소명자'라고 하는 경우가 거의 없습니다. 그렇기에 나머지 사람들은 자연적으로 소명을 받지 못한 사람, 즉 2류 기독교인으로 전락되어 하나님께 온전히 헌신하지 못한 사람 취급을 받게 됩니다.

그러나 이것은 중세 교회의 오류를 반복하는 것입니다. 기독교인을 계급에 따라 나누고, 목사나 선교사를 제외한 다른 일들을 모두 소명과 상관없는 것, 즉 하나님을 섬기는 것과 직접 관계가 없는 일로 추락시켜버리는 것입니다. 이것은 중세 가톨릭의 소명관이지 종교개혁으로 바로 잡은 개신교의 소명관이 아닙니다.

2. 종교개혁 – 만인 제사장 교리

1) 중세 사제주의의 부작용

중세교회의 사제중심주의는 각종 부작용을 낳았습니다. 사제들만 하나님의 거룩한 소명을 받은 자이기 때문에 다른 사람들은 사제들을 하나님의 대리자로 인정할 수밖에 없게 되고, 사제들에게 절대복종하게 되었습니다. 언제나 그렇듯이 한 집단이나 개인에게 절대적 권력이 주어지면 필연적으로 타락이 뒤따르게 됩니다. 사제가 성경 해석을 독점하는 것, 고해성사 제도를 통해 하나님의 대리자 역할을 자처하는 것, 연옥교리나 면벌부처럼 사후 삶을 좌지우지하는 권력을 통해서 현재 삶을 쥐락펴락하는 것 등이 사제들의 절대적 권력 기반이 되었습니다. 그 결과 중세교회는 극심하게 타락했습니다. 사제들이 권력욕에 가득차서 세속 권력과 세력 다툼을 벌이고, 종교의 이름으로 막대한 재산을 끌어 모으고, 성적 부정을 일삼고, 성경에 근거하지 않은 부당한 교리를 만들어 내어 성도들을 통제했습니다.

2) 개혁가들의 비판

중세 교회의 타락상을 보고 종교 개혁가들이 다양한 비판을 쏟아냈습니다. 그들은 사제들 개인의 성적 비리와 물질적 탐욕과 성직 매매 문제뿐만 아니라, 비성경적인 교리마리아 숭배, 면벌부, 연옥교리, 교황권, 고해성사까지 신랄하게 비판하면서 중세 가톨릭을 뒤흔들었습니다.

그런데 종교 개혁가들이 주장한 것 중에서 특히 교회의 근간을 무너뜨리는 사상이 있었는데, 그것은 '만인제사장 교리' Priesthood of All Believers였습니다. 이것은 사제들만 특별하게 구별되고 거룩한 존재가 아니라, 모든 성도들이 하나님 앞에서 거룩한 제사장이며 사제와 동등한 거룩한 존재라는 주장입니다. 베드로는 이렇게 말합니다. "너희도 산돌 같이 신령한 집으로 세워지고 예수 그리스도로 말미암아 하나님이 기쁘게 받으실 신령한 제사를 드릴 거룩한 제사장이 될지니라."벧전 2:5 "오직 너희는 택하신 족속이요 왕 같은 제사장들이요"벧전 2:9 종교 개혁가들은 이 말씀에 기초하여 모든 기독교인이 하나님으로부터 사제들과 동등한 지위를 부여받았다고 주장했습니다. 비록 교회 내에서 직분이 다를지 몰라도, 직분의 차이가 신분의 차이를 가져오는 것이 아니라고 가르쳤습니다. 교회 직분사제, 목사, 장로, 집사이나 교회 밖에서의 계급왕, 관리, 상인, 노예, 평민, 또는 어떤 조건

인종, 남녀, 빈부, 지식의 여부에 관계없이 "모든" 사람들이 하나님의 거룩한 제사장이 되었다는 것입니다.

이 교리는 중세 사회를 지탱하던 기초를 완전히 무너뜨리는 혁명적인 주장이었습니다. 사제뿐만 아니라 모든 성도들이 하나님 앞에서 동등하며, 하나님 앞에 직접 나아갈 수 있는 권리가 있다고 말하는 것은 사제와 성도가 근본적으로 동등하다고 주장하는 것이며, 그동안 사제가 누려온 특권이 근거가 없다는 점을 폭로하는 것이었습니다.

3) 소명 사상에 끼친 영향

종교 개혁가들의 만인제사장교리는 소명 사상을 새롭게 정립하는 계기가 되었습니다. 이전 시대에는 오직 성직만이 소명이라고 생각했었지만, 이제 모든 성도들이 하나님 앞에서 제사장으로 부르심 받았기 때문에 그들이 하는 모든 일들이 다 거룩한 소명으로 인정되었습니다. 종교 개혁가들은 이 점을 분명하게 가르쳤습니다. "수도사와 사제의 일이 아무리 거룩하고 힘들다 하더라도 하나님이 보시기에는 들에서 시골 사람들이 하는 노동이나 여성이 하는 집안일과 조금도 다르지 않다. 모든 일은 하나님 앞에서 믿음으로만 측량될 뿐이다. 사실 종이 집에서 하는 육체노동이 때로는 수도사나 사제가 하는 금식이나 다른 모든 일보다 하나님이 받으시기에 더 합당한데, 그것은 수도사나 사제에게 믿음이 없기 때문이다."**루터** "우리의 소원이 하나님을 기쁘시게 하는 것이라면 물 긷는 것과 설거지, 구두 고치는 것과 말씀을 전하는 일은 모두 하나다."**윌리엄 틴데일** "양치는 목자의 행위가 바르게 수행된다면, 선고를 내리는 판사의 행위나 법을 집행하는 행정관의 행위나 말씀을 전하는 목사의 행위와 마찬가지로 하나님 앞에서 선한 것이다."**윌리엄 퍼킨스, 『오스 기니스』, 57-59)**

목사나 선교사가 되는 것이 하나님의 소명에 응답하는 것일 수 있습니다. 그러나 그것만이 소명의 일은 아닙니다. 우리 모두가 거룩한 제사장으로 부르심 받았기 때문에 하나님을 위해서, 그리고 하나님을 섬기는 마음으로 하는 모든 일은, 그것이 농사일이든, 사무직이든, 장사일이든, 공장일이든, 가르치는 일이든, 모두 하나님의 소명인 것입니다. 그러므로 목사나 선교사가 되는 것만을 '소명'이라고 하면서 그들이 더 고상하고 귀한 일을 하는 것처럼 여기는 것은 소명을 오해한 것입니다. 특별한 소명이란 것은 없습니다. 하나님께로부터 오는 모든 소명이 특별한 것입니다. 소명 사이에 계급적 차이는 없습니다. 다만 우리는 다양한 일과 방식을 통해서 하나님을 섬길 뿐입니다. 소명의 종류가 다른 것이지 우열이 있는 것이 아닙니다.

● 직업적 소명관 ●

1. 직업적 소명

1) 소명의 확장

　교회의 계급 질서를 무너뜨린 '만인제사장 교리'는 성직적 소명관의 오류를 교정했을 뿐만 아니라 소명 개념도 확장시켰습니다. 모든 성도가 제사장이라는 것은 그들이 하는 모든 일들이 하나님과 관련된다는 것을 의미합니다. 이것은 목사나 사제직뿐만 아니라 다른 모든 직업도 거룩한 것이라는 생각으로 이어지게 됩니다. 하나님께서 모든 성도를 제사장으로 불렀기 때문에, 사제직만 소명이 아니라 모든 직업이 하나님의 거룩한 소명이 되는 것입니다. 중세 교회는 직업의 종류를 거룩한 것과 속된 것으로 나눴지만, 종교 개혁가들은 사회에서 인정되는 직업 모두가 소명이 될 수 있다고 주장했습니다. 이제 하나님 앞에서 직업의 귀천은 없습니다. 이것을 '직업적 소명'이라고 합니다.

2) '무엇'이 아니라 '어떻게'

그렇다고 해서 모든 직업이 자동적으로 하나님을 섬기는 일이 된다는 뜻은 아닙니다. 제사장이라고 해도 그 직무를 잘못 수행할 때 하나님의 징계를 받았던 것처럼, 우리가 소명으로 받은 직업도 거룩하게 감당해야 소명을 성취하는 것입니다. 그러므로 '무슨 일을 하느냐' 즉 '직업의 종류'는 중요하지 않습니다. 무슨 일을 하든지 '어떻게, 어떤 태도로, 어떤 목적으로' 하느냐 하는 것이 하나님께 더 중요합니다. 목사나 선교사 직무도 잘못된 동기, 목적, 방식으로 수행하면서 자신의 재물욕, 권력욕, 명예욕만을 채우려고 할 때는 속된 일이 됩니다. 그러나 아무리 작고 보잘 것 없는 일이라도 하나님 앞에서 섬기는 마음으로 하면 거룩한 소명의 일이 됩니다.

2. 직업의 목적

우리가 이 세상을 살아가면서 갖게 되는 직업의 의미는 무엇일까요? 하나님은 왜 우리가 일을 하기를 원하시고, 우리를 직업의 소명으로 부르셨을까요?

1) 창조적 명령 수행

일과 직업의 기원은 하나님의 창조 명령입니다. 하나님은 사람을 창조하신 후에 그들에게 명령하셨습니다. "생육하고 번성하여 땅에 충만하여라. 땅을 정복하여라. 바다의 고기와 공중의 새와 땅 위에서 살아 움직이는 모든 생물을 다스려라."창 1:28 하나님이 엿새 동안 창조의 일을 하신 것처럼 하나님의 형상으로 창조된 인간도 일을 해야 한다는 것입니다. 그러므로 우리가 직업을 갖고 일을 한다는 것은 창조적 소명을 감당하는 것입니다. 우리는 하나님의 동역자와 청지기가 되어 이 땅을 다스리라는 그 분의 명령에 순종함으로 우리의 소명을 감당하면서 하나님께 영광을 돌립니다.

2) 생계유지 수단

우리는 일을 해서 먹고 살 것을 얻습니다. 사람들은 종종 먹고 살기 위해서 일을 하는 것은 구차하고 세속적인 것이라고 생각하는 경향이 있습니다. 예술 활동을 하는 것은 고귀한 삶으로 생각하고, 생계를 위한 일은 열등한 것으로 취급합니다. 그러나 먹고 살기 위해 일을 하는 것은 결코 구차한 것이 아니라 오히려 고귀하고 의미가 있는 것입니다. 소중한 생명을 유지하고 활력 있게 하는 것이기 때문입니다. 그래서 바울도 먹고 살기 위해서는 일을 하라고 말합니다. 살후 3:10 "일하기를 싫어하는 사람은 먹지도 말라." 또한 일을 통해서 얻은 경제력으로 자기 가족이나 친족을 돌아보라고 명령합니다. 딤전 5:8 우리가 과도하게 물질적 욕심에 사로잡히지 않는 한 경제적 이익을 위해 일을 하는 것은 전혀 잘못된 것이 아니고 오히려 필요하고 중요한 일입니다.

3) 다른 사람을 섬기는 방식

우리가 하는 일은 이중의 긍정적인 결과를 가져다줍니다. 우리 자신에게는 생계를 위한 보상을 주고, 다른 사람들에게도 다양한 혜택을 줍니다. 농사일이든, 공장에서 물건을 만드는 일이든, 학교에서 가르치는 일이든, 집을 짓는 일이든, 우리가 하는 대부분의 일들은 다른 사람들에게 유익을 줍니다. 다른 각도에서 본다면, 하나님이 사람들의 필요를 채우는 방식은 다른 사람들의 일을 통해서라고 말할 수 있습니다. 그러므로 우리는 다른 사람들을 섬기기 위해서 열심히 일해야 합니다. 이처럼 자신에게 주어진 일과 직업을 통해 이웃을 섬기고 사랑을 실천할 수 있다면 그것은 곧 소명을 받은 '성직' 인 것입니다.

3. 직업적 소명관의 한계

1) '소명=직업'?

종교 개혁가들이 중세의 이원론적 소명 사상을 타파하고 성도들의 모든 직업이 소명일 수 있다는 점을 설파한 것은 대단한 공헌이었습니다. 하지만 모든 직업이 하나님 앞에서 고귀한 일이며, 소명의 일이라는 가르침은 점차 '소명=직업'이라는 생각으로 축소되어 버렸습니다. 즉, calling소명을 vocation직업으로 제한해버린 것입니다. 이런 현상은 청교도 시대에 더욱 고착되었습니다. 그들은 근면, 노동, 일, 직업의 가치를 강조하다가 일을 우리 자신의 정체성을 말해주는 것으로 상승시켜버렸습니다. 나는 '어떤 일을 하는 존재'가 되어버렸고, 따라서 일이나 직업이 소명이 되어버린 것입니다.케빈 & 케이 브렌플렉, 23 그 결과 사람들은 소명을 발견하는 것을 직업을 발견하는 것과 동일한 것으로 생각하게 되었습니다.

2) 편협한 소명관

일과 직업이 중요하다는 것은 두말할 필요가 없습니다. 하지만 경제적 활동만을 소명으로 여기는 것은 소명을 편협하게 만들어버립니다. 경제적 활동일과 직업이 우리 인생의 많은 부분을 차지하기 때문에 중요한 것은 사실입니다. 하지만 일이 우리의 삶 전체를 구성하지 않는다는 것 역시 분명한 사실입니다.

우리는 태어나서 일을 하고 직업을 갖기까지 오랜 세월동안 다른 사람주로 부모의 도움을 받으면서 생활하게 됩니다. 하지만 직업을 갖지 않았다고 해서 우리가 무의미한 존재가 되는 것은 아닙니다. 직업을 갖기 위한 준비를 하는 동안 우리는 공부를 하고 기술을 연마합니다. 그런 활동은 우리에게 돈을 가져다주지 않지만, 그렇다고 해서 무의미한 일도 아닙니다.

또한 어떤 사람은 일을 하다가 중단할 수도 있습니다. 자의적이든 타의적이든 실업의 상태에 처할 수 있습니다. 그렇다고 해서 그런 시기에 그 사람의 존재가 무의미하게 되는 것은 아닙니다.

어떤 사람은 장애로 인해 경제활동을 못할 수도 있고, 나이가 들어 더 이상 일을 하기 어려운 상태에 처할 수도 있습니다. 그렇다고 해서 그런 삶이 무의미하고 하나님과 상관없는 삶이라고 말할 수는 없습니다.

이처럼 경제활동과 관련된 일만 소명과 관계있는 것으로 생각하면 자연적으로 다른 모든 일들이나 직업과 상관없는 우리의 수많은 삶은 소명과 무관한 것이 되어버립니다. 하지만 경제활동을 하지 않는 시기에도 우리는 얼마든지 하나님을 기쁘게 하는 삶을 살 수 있습니다. 다른 사람을 돕고, 교회를 섬기고, 아이들을 돌보고, 성장을 위해 노력하고, 중보 기도하는 모든 활동이 우리에게 기대하시는 하나님의 일들이기 때문입니다.

그러므로 직업이 소명인 것은 맞지만, 직업이 소명의 전부라는 생각은 틀립니다. 그렇게 생각하는 것은 우리 삶을 분리하여 소명과 관련된 것과 그렇지 않은 것으로 나눠버리는 오류를 범하는 것입니다. 그러므로 직업만 소명인 것은 아닙니다. 직업은 소명의 일부분일 뿐입니다. 소명은 직업보다 훨씬 더 큰 개념입니다.

3) 하나님의 성전

앞에서 '만인제사장 교리'가 종교개혁의 위대한 발견이라고 언급했습니다. '만인제사장 교리'는 성직자와 평신도의 이원론을 타파하면서 '성직 소명관'을 교정하는 차원에 그치지 않습니다. 이 사상은 더 넓은 소명관의 문을 여는 열쇠를 간직하고 있습니다.

구약 시대에 제사장은 어디에서 직무를 수행합니까? 성막 혹은 성전입니다. 그럼 지금 이 시대에 구약 시대의 성전에 해당되는 것은 무엇일까요? 성도들이 모여 예배드리는 장소가 성전인가요? 아닙니다! 신약 시대에 이르러 하나님의 임재의 상징으로서의 성전 건물은 사라졌으며, 지금 우리가 모이는 예배당 건물이 성전을 대신하는 것도 아닙니다. 사도 바울은 이제 하나님은 어느 건물에 계시는 것이 아니라 우리 안에 계신다고 말합니다. 그러므로 우리 자신이 성전입니다. 고전 3:16 "여러분은 하나님의 성전이며"

이것이 소명과 무슨 관계가 있습니까? 구약 시대에 제사장이 성전에서 하던 직무가 소명의 일이었던 것처럼, 지금은 성전인 우리의 삶 속에서 이루어지는 일이 소명의 일이라는 것입니다. 다른 말로 하면, 우리의 삶이 제사장의 직무가 이루어지는 현장인 것입니다. 그러므로 우리의 삶에서 이루어지는 모든 일을, 구약의 제사장이 하나님 앞에서 경건하게 감당하는 것처럼 하나님께 하듯 할 때, 우리는 소명의 일을 감당하는 것입니다. 이것은 다음 장에서 다룰 '일상적 소명'으로 이어집니다.

소명은 하나님 앞에서 사는 삶으로의 부르심입니다. 단순히 직업만이 소명이 아니라, 삶의 모든 영역에서 하나님을 섬기려는 마음으로 사는 것이 소명의 삶입니다. 그러므로 직업만을 소명이라고 생각하는 편협한 '직업적 소명관' 에서 벗어나야 합니다.

●영웅적 소명관 ●

    소명에 관한 세 번째 오해는 소명을 위대하고 특별한 일을 감당하는 것으로만 생각하는 것입니다.

    수많은 청년집회에서 자주 선포되는 메시지 중 하나는, 하나님을 위해 위대한 일을 꿈꾸고, 그것을 위해 헌신하라는 것입니다. '위대한 일'에 포함되는 것들은, 국내나 해외에서 순교를 각오하고 복음을 전파하는 일, 고아나 장애인 같은 사회의 약자들을 헌신적으로 돌보는 일, 민족을 구원하고 인류 평화를 위해 열성적으로 노력하는 일처럼, 아무나 이룰 수 없는 대단한 일들입니다. 이런 위대한 일을 성취하려는 것이 청년이 품어야 할 비전이며, 그 일을 위해 헌신하는 것이 하나님을 섬기는 소명의 삶이라고 가르칩니다. 그래서 하나님을 위해 이러한 위대한 일을 꿈꾸면서 소명을 성취하는 삶을 살라고 부추깁니다. 이것을 '영웅적 소명관'이라고 합니다. 위대한 일을 하는 영웅이 되는 것이 하나님의 소명을 감당하는 삶이라는 것입니다.

    이런 일들이 귀한 일들이고, 성취되어야 할 일들인 것은 분명합니다. 또한 어떤 사람은 분명히 이런 일들을 자신의 소명으로 삼기도 합니다. 이는 5장에서 '비전적 소명'을 다루면서 이 점에 대해서 좀 더 자세하게 설명할 것입니다. 하지만, 거창하고 멋진 일들을 너무 강조하다보니 이런 일들을 하는 것만 소명의 삶이라고 가르치는 문제가 생겼습니다. 누가 보더라도 위대하고 멋진 일을 이루어내는 것, 오직 그것만이 소명의 삶이라는 것입니다.

그러나 '영웅적 소명'은 '직업적 소명'처럼 소명의 한 부분일 수는 있지만 소명의 전부가 될 수는 없습니다. 영웅이 역사를 이끌어가고, 영웅이 되어야 의미 있는 삶이고, 영웅이 하나님의 인정도 받게 된다는 생각은 하나님의 관점이 아니라 인간의 관점입니다. 위대한 일을 성취하여 사람들의 칭송을 받고자 하는 인간적인 욕심이 하나님의 소명을 영웅 중심적으로 생각하도록 오도한 것입니다. 그것은 우리 삶의 대원칙인 '하나님을 사랑하고 이웃을 사랑하라'는 말씀을 '거창한 일 중심'으로 이해하는 것이고, 소명을 위대한 일 중심으로 바라보는 잘못을 범하는 것입니다.

요셉의 삶에 대한 통상적인 가르침은 이런 오류를 잘 보여줍니다.

1. '청년의 모델' 요셉

1) 꿈을 가져라!

청년 집회에서 빠지지 않고 등장하는 성경 인물들이 있는데, 다윗, 다니엘, 요셉과 같은 사람들입니다. 이들에 대한 성경 이야기는 청년 시절부터 시작되기 때문에 청년들에게 공감을 불러일으키는 요소를 많이 가지고 있을 뿐만 아니라, 이들 모두 어려움을 극복하고 세상에서도 인정받는 최정상 고지에 올라서 위대한 하나님의 일을 성취했기 때문에 더욱 매력적으로 다가오기 때문입니다. 이들 중에서도 가장 빈번하게 청년의 모델로 제시되는 인물이 요셉입니다.

요셉을 모델로 하는 가르침은 이렇게 전개됩니다. '요셉은 어릴 때부터 꿈, 비전, 혹은 소명을 품었다. 그 꿈을 이루기 위해서 온갖 어려움 속에서도 포기하지 않고 노력해서 총리대신이 되었고, 그로 인해 하나님의 큰일을 이룰 수 있었다. 그러니 너도 하나님을 위해 큰 꿈을 품고 노력해서 소명을 성취하는 사람이 되어라.'

요셉처럼 어릴 때부터 꿈을 꾸고, 비전을 품고, 소명을 추구하면 하나님이 위대한 자리에 세워주시고, 그 결과 하나님을 위해 놀라운 일을 이룰 수 있다고 가르칩니다. 실제로 요셉은 꿈을 꾸었고, 역경을 이겨냈고, 제국의 총리가 되었고, 결국 하나님의 언약 백성을 구원해내는 놀라운 성과를 이루었습니다. 그러므로 사실, 요셉처럼 큰 꿈을 꾸라는 권면은 상당히 매력적으로 다가옵니다.

하지만 요셉의 삶을 모델로 한 이런 권면은 성경을 잘못 읽은 결과입니다. 창세기 37장부터 전개되는 요셉의 이야기가 정말로 요셉이 어릴 때부터 꿈을 꾸고, 위대한 비전을 품고, 소명을 위해서 살았기 때문에 하나님의 놀라운 일을 성취했다는 것을 보여주는 이야기일까요? 겉으로 보기에는 요셉의 꿈과 그것의 성취가 요셉 이야기의 핵심인 것처럼 보이지만, 선입견을 제거하고 요셉의 이야기를 있는 그대로 바라보면 전혀 다른 것을 발견하게 됩니다.

2) 요셉의 꿈의 실체

요셉의 삶을 좀 더 자세히 들여다봅시다.

요셉을 꿈꾸는 사람이라고 말합니다. 그렇습니다. 요셉은 꿈을 많이 꾸었고, 꿈과 많이 얽혀 있는 사람입니다. 성경에는 요셉이 어린 시절에 꾸었던 꿈을 두 번 언급하고 있습니다.창37장 첫 번째는 곡식 단에 관한 꿈이었습니다. 요셉이 묶은 곡식 단은 우뚝 일어서고, 10명의 형들의 곡식 단이 요셉의 단을 둘러서서 절을 하는 꿈이었습니다.7절 두 번째 꿈은 해와 달과 열 한 개의 별이 요셉에게 절하는 것이었습니다.9절 요셉의 꿈 이야기를 들은 가족들은 부모와 형제들이 요셉에게 절하는 것은 있을 수 없는 일이라고 요셉을 나무랐습니다.

사람들은 요셉이 꾼 두 번의 꿈을 예로 들어 요셉이 이렇게 어릴 때부터 꿈과 비전을 가졌으니 우리도 요셉처럼 어릴 때부터 꿈을 가져야 한다고 주장합니다. 하지만 잠깐! 요셉이 꾼 꿈들을 정말로 요셉이 세웠던 비전이나 소명이라고 말할 수 있을까요? 그렇지 않습니다! 이 꿈들이 요셉의 비전이 되려면 요셉이 의도적으로 꾸었어야 합니다. 하지만 어느 누가 자신이 꾸고 싶은 꿈을 마음대로 꿀 수 있을까요? 잘 때 꾸는 꿈은 그런 성질의 것이 아닙니다. 무의식이 꿈으로 나타나는 경우가 있기는 하지만, 지금 요셉의 이야기에는 요셉이 부모와 형제들 위에 군림하려는 마음을 품었다는 그 어떤 단서도 없습니다. 그럴 이유가 전혀 없었다는 것이 오히려 맞습니다. 그러므로 요셉이 이 꿈들을 의식적으로 꾸었다는 식으로 말하는 것은 잘 때 꾸는 꿈과 인생의 꿈을 혼동하는 것입니다. 나중에 요셉이 꾼 꿈대로 일이 이루어지기는 했지만, 요셉은 결코 의식적으로 이런 꿈을 꾸지 않았습니다.

3) 요셉의 꿈과 소명

어떻든 이런 꿈과 별개로, 요셉의 꿈과 비전과 소명이 무엇이었을까요? 자기를 시기하고 못마땅하게 여기는 형들을 굴복시켜서 자기 앞에 무릎 꿇게 하는 것이었을까요? 대제국 애굽의 총리가 되어 천하를 호령하는 것이었을까요? 시골에서 살던 가족을 대제국 한복판으로 이주시켜서 위대한 가문을 형성하려는 것이었을까요? 전혀 아닙니다! 요셉은 이런 목표를 설정한 적도 없었고, 이런 삶을 원한 적도 없었습니다. 혹시 그에게 소망과 꿈이 무엇이냐고 묻는다면 뭐라고 대답했을까요? 다른 것은 없고 그냥 아버지 집에서 지금처럼 사랑받으면서 지내는 것이라고 답했을 것입니다. 즉 우리가 짐작하는 것처럼 요셉은 위대한 꿈과 비전을 품지 않았다는 뜻입니다. 결론적으로 말해서, 요셉이 어릴 때부터 꿈과 비전을 품고 살았다는 주장은 근거가 없는 것입니다. 그렇기 때문에 요셉은 자신의 꿈을 위해 열심히 계획을 세워서 살지도 않았습니다.

오히려 요셉의 인생을 계획이라는 관점에서 본다면, 자신의 의도와 계획대로 된 것이 하나도 없는, 완전히 실패한 삶이었습니다. 요셉은 아버지 야곱의 사랑을 독차지 하던 아들이었습니다. 이것을 시기하고 눈엣가시처럼 여기던 형들은 적절한 기회가 찾아오자 요셉을 애굽에 팔아버렸고, 요셉은 애굽 왕의 장관이었던 보디발의 집에서 노예로 일하다가 주인집 마님을 강간하려 했다는 누명을 뒤집어쓰고 감옥에 처박히게 됩니다. 이렇게 요셉은 그의 황금 같은 청년 시기를 노예와 죄수로 허비하게 됩니다.

이것이 어떻게 그의 꿈이고 소명인가요? 이것이 어떻게 그가 계획하고 노력한 것인가요? 그가 가족을 구원하기 위해 의도적으로 감옥에 들어간 것입니까? 전혀 아닙니다! 그는 결코 이것을 꿈꾸지 않았고, 의도하지도 않았습니다. 세월이 지나 형들 앞에 서게 된 요셉의 모습을 보면, 그는 자신이 당한 일로 한을 품게 되었고, 형들에게 보복하려는 마음으로 가득 차 있었다는 것을 알게 됩니다. 이것은 요셉이 계획적이고 의도적으로 애굽으로 팔려가서 총리대신이 된 것이 아니라는 사실을 잘 보여줍니다.

그런데 억울한 감옥살이를 하던 중, 잘못을 저질러서 감옥에 수감된 이집트 왕의 술 맡은 관원의 꿈을 해석한 것이 계기가 되어, 몇 년 후에 왕의 꿈까지 해석해주게 되었고, 그 결과 애굽의 총리가 되었습니다. 이러한 과정 역시 요셉의 꿈이나 계획과 아무 상관없이 진행되었습니다. 세월이 흘러, 큰 기근이 닥쳐 양식을 구하러 온 형들이 과거에 요셉이 꾼 꿈대로 요셉 앞에 엎드리는 일이 벌어졌고, 가족들이 요셉 덕분에 모두 생명을 얻고 애굽으로 이주하여 평온한 삶을 살게 되었습니다. 요셉이 자신도 모르게 꾸었던 꿈이 성취된 것입니다. 하지만 이 모든 과정은 요셉의 계획과는 전혀 무관한 일이었습니다.

4) 자신도 모르게 성취한 하나님의 계획

성경은 요셉의 삶이 하나님의 섭리 아래 이어졌다는 것을 분명하게 말하고 있지만, 요셉은 물론 그의 주변에 있던 어느 누구도 하나님이 이 일을 주도하고 있다는 것을 전혀 알지 못했습니다. 그래서 하나님이라는 변수를 빼고 요셉의 입장에서만 본다면, 자신의 의도와는 상관없이 애굽에 팔려가고, 감옥에 갇혔다가, 인생 역전이 되어 총리가 되고, 어쩌다가 가족을 살리는 일을 하게 된 것입니다. 이것이야말로 '소 뒷걸음질 치다가 쥐 잡는다'는 속담의 전형적인 형태로 볼 수 있을 것입니다. 전혀 의도하지 않았는데 얼떨결에 대단한 일을 이루었다는 것입니다.

그러므로 요셉을 모델로 내세우면서, '우리 모두 요셉처럼 위대한 비전과 소명을 가슴에 품고 살자' 라고 부추기는 것은 요셉의 삶을 생각해보면 억지 적용일 뿐입니다. 위대한 비전을 품는 것을 강조할 수는 있지만, 그런 가르침을 위해 요셉을 동원하면 안 됩니다. 요셉은 그런 모델이 아니기 때문입니다. 오히려 이렇게 말하는 것이 성경 이야기에 더 부합될 것입니다. '우리 인생은 내 뜻대로 되는 것이 아니다. 요셉처럼 진탕 고생을 할 수도 있다. 믿었던 형제들에 의해 노예로 팔리기도 하고, 억울하게 감옥에 갇히기도 하면서 생고생 하는 일도 다반사로 일어난다. 그런데 그렇게 구르다보면 '혹시' 총리와 같은 자리에 올라가 놀라운 업적을 이룰 수 있을지 누가 알겠는가? 하나님이 그런 계획을 가지고 계시다면.'

2. 소명을 성취한 요셉

1) '무엇'이 아니라 '어떻게'

　과정이 어찌됐든 요셉의 삶은 멋진 열매를 맺었습니다. 요셉의 가족은 대기근으로 생명의 위협을 받았지만 요셉 덕분에 목숨을 건질 수 있었고, 이후 애굽에서 편안하게 살 수 있었습니다. 아브라함의 후손을 구원하시려는 하나님의 계획이 성취된 것입니다. 요셉이 자신의 소명이 무엇인지도 몰랐는데 어떻게 하나님의 계획을 성취할 수 있었을까요? 그것은 하나님의 전적인 섭리와 역사하심의 결과라고 말해야 할 것입니다.

　하지만 하나님의 섭리와 역사라는 요소를 일단 제쳐두고 순전히 요셉이라는 인간의 관점에서 보면, 그에게는 하나님의 계획이 이루어지는 일에 쓰임 받을 수 있었던 한 가지 특징이 있었다는 것을 발견하게 됩니다. 그것은, 요셉은 '무엇'에 대해서는 몰랐지만 '어떻게'에 대해서는 분명했다는 점입니다. 요셉은 자신이 원하는 일이 전혀 이루어지지 않았고, 또한 자신에게 주어진 소명이 무엇인지도 몰랐지만, 매우 열악한 상황 속에서도 어떻게 행동해야 할지, 어떤 태도와 자세로 살아야 할지에 대해서는 분명히 알고 있었습니다.

요셉이 애굽으로 팔려 갔을 때 하나님께 감사할 수 있었을까요? 그렇게 하기에는 상황이 너무 힘겨웠습니다. 오히려 원망에 원망을 쏟아내야 정상이었을 것입니다. 아마 요셉의 마음에는 이런 생각들로 가득 찼을 것입니다. '왜 나에게 이런 일이 일어나는가? 도대체 내가 무슨 잘못을 했길래 이런 억울한 일을 당해야 하는가? 하나님은 진정 살아계신 분인가? 그렇다면 왜 나의 이 억울한 상황을 바꿔주지 않으시는가?' 도저히 이해할 수 없는 일이 연속적으로 일어났기 때문입니다. 하나님이 살아계시다면 절대로 일어날 수 없을 것처럼 보이는 일들이 그에게 일어난 것입니다. 어떤 사람이 하나님을 잘 섬기고 있는데, 갑자기 납치되어 새우잡이 배로 팔려갔다고 생각해보십시오. 배 밑창에서 비린내 나는 생선 쪼가리나 주워 먹을 수밖에 없는데 하나님께 감사하면서 예배드릴 수 있겠습니까? '하나님, 어디 계십니까? 살아 계시다면 말씀 좀 해 보세요. 도대체 왜 나에게 이런 일이 일어난 것입니까?' 하고 하나님을 원망하는 것이 정상 아니겠습니까?

그러나 이해할 수 없는 상황에 떨어진 요셉이 하나님께 보인 반응은 무엇이었나요? 성경은 당시 요셉의 심경이나 하나님께 어떤 반응을 보였는지에 대해 전혀 언급하고 있지 않습니다. 하지만 한 가지 에피소드는 그가 이 힘겨운 상황 속에서 가지고 있었던 자세에 관한 중요한 단서를 알려줍니다. 요셉은 "용모가 준수하고 잘 생긴 미남"이었습니다.^{창 39:6} 요셉에 반한 보디발의 아내는 그를 유혹했습니다. "주인의 아내가 요셉에게 눈짓을 하며 "나하고 침실로 가요!" 하고 꾀었다."^{7절} 보디발 아내의 유혹을 받은 요셉은 이럴 수도 저럴 수도 없는 매우 어려운 곤경에 처했습니다. 그녀의 유혹에 응하면 안주인의 환심을 사서 편한 삶을 살 수 있는 기회를 얻을 수도 있지만, 거절하면 보복을 당할 수도 있기 때문입니다. 집 내부에서 일어나는 일의 최종 책임자는 주인마님일 것입니다. 누구도 보는 사람이 없었습니다. 유혹은 지속적으로 계속됩니다. 어찌해야 할까요? 이런 상황에서 요셉은 어떻게 반응했나요? 그는 "내가 어찌 이런 나쁜 일을 저질러서, 하나님을 거역하는 죄를 지을 수 있겠습니까?"^{창 39:9}라고 말하며, 계속되는 마님의 유혹을 분명하게 거절했습니다. 요셉이 얼마나 단호하게 거절했던지, 수치심을 느낀 보디발의 아내는 요셉을 향한 연정을 거두고 요셉을 강간미수범으로 모함하여 감옥에 처 넣어버렸습니다.

이 에피소드에서 우리는 무엇을 발견합니까? 아브라함의 후손으로서 하나님의 언약을 이어 받은 가족으로 살다가 아무런 이유 없이 형들에 의해 보디발의 집에 노예로 팔려온 억울하고 힘든 상황이었지만, 요셉은 하나님을 원망하거나 부정하지 않았다는 것입니다. 그는 하나님을 예배할 수 없는 상황에서도 오히려 하나님 앞에 엎드리는 모습을 보여주었습니다. 그는 여전히 하나님을 중심에 두고 하나님이 원하시는 삶을 살려고 했고, 하나님이 싫어하는 것을 하지 않으려고 했습니다. 다른 말로 하면, 요셉은 이전에 하나님 앞에서 살았던 것처럼, 지금 노예로 팔려 와서도 자신의 주인 되신 하나님 앞에서 신실한 모습을 보여주고 있습니다.

2) 일상에서도

요셉의 신실한 모습은 일상의 다른 측면에서도 잘 드러납니다. 형들의 손에 잡혀 구덩이에 던져져 죽기를 기다릴 때 심정이 어떠했을까요? 보디발의 집에 노예로 팔려갔을 때는? 보디발의 아내의 모함으로 억울하게 감옥에 갇혔을 때는? 배신감과 원망과 사람에 대한 실망으로 가득 차지 않았을까요? 도저히 헤어나올 수 없는 인생의 막장에 떨어졌으니 삶의 의욕을 잃고, 눈물로 세월을 보내거나, 불평불만으로 가득 차 있는 게 정상이지 않겠습니까? 좌절감이 더 심하면, 이대로 삶을 끝내고 싶은 마음이 들지 않았을까요?

하지만 이런 상황에서 요셉은 전혀 다른 모습을 보여주었습니다. 그는 억울한 마음을 추스르고 다시 삶을 살아가기 시작했습니다. 보디발의 집에 노예로 팔려가서도 눈물과 원망으로 세월을 보내지 않고, 자신에게 맡겨진 일을 잘 감당하였습니다. 노예의 일이라는 것이 고된 노동의 연속이었겠지만, 그는 그 일에도 책임감 있게 임했습니다. 비록 성경이 "주님께서 요셉과 함께 계시며, 요셉이 하는 일마다 잘 되도록 주님께서 돌보셨다"고 말하고 있지만, 하나님이 함께 하신다고 해도 요셉 본인이 신실하게 움직이지 않았다면 상황은 전혀 다른 방향으로 전개되었을 것입니다. 이렇게 하나님과 더불어 노예의 힘겨운 일상을 잘 견뎌낸 결과, 집 주인 보디발은 요셉을 집안 모든 일을 관리하는 책임자로 세웠습니다.창39:4

억울하게 감옥에 갇혀서도 마찬가지였습니다. 원망하거나 억울하다고 소리치거나 한을 품고 넋을 놓은 채 살지 않았습니다. 그곳에서도 요셉은 부지런히 움직였습니다. 그 결과 간수장에게도 신뢰를 얻을 수 있었습니다. 성경은 하나님이 간수장의 은혜를 입게 하셨다고 기록하고 있지만, 게으르고 불평만 해대는 사람에게 어떻게 무작정 은혜를 베풀 수 있겠습니까? 이 이야기 뒤에는 요셉의 신실한 행동이 있었다는 것이 매우 분명합니다. 이처럼 요셉은 상황이 호의적이든 그렇지 않든, 정의로운 상황이든 불의한 상황이든 상관없이, 언제나 하나님의 사람으로서의 정체성에 맞게 처신했던 것입니다.

3) 요셉의 삶이 보여주는 것

하나님이 구원 역사를 이끌어 가신다는 것 외에, 혹시 요셉이 우리에게 어떤 삶의 모습을 보여주는 모델로 제시되고 있다면 그것이 무엇일까요? 그것은 '꿈을 꾸자' '원대한 비전을 품자'는 것이 아닙니다. '꿈'은 하나님이 꾸시는 것입니다. 그리고 우리가 그것을 모를 수도 있습니다. 아니, 모를 때가 더 많습니다. 하지만 나의 삶을 향한 하나님의 꿈과 계획을 알든 모르든, 그래서 나에게 꿈이 있든 없든, 그것은 중요하지 않습니다. 중요한 것은 어떤 상황에서도 하나님을 향하여 신실하게, 그리고 주어진 상황에서 신실하게 살아가는 것입니다.

그러므로 요셉의 성공의 비결이나 소명 성취의 비결을 인간적인 측면에서 말한다면, 바로 '신실함'이라고 말할 수 있을 것입니다. 하나님과 사람들 앞에서 신실하게 사는 것, 그것이 요셉이 소명을 성취한 비결입니다. 그는 상황이 좋든 안 좋든, 주변 사람들이 호의적이든 악의적이든, 하고 싶었던 일이든 억지로 해야 하는 일이든 상관하지 않고, 주어진 상황에서 최선을 다해 신실하게 살았습니다. 이런 삶의 태도가 모여 요셉은 10여년

만에 하나님의 계획을 이루었고, 결국 소명을 성취했습니다.

정리한다면, 우리의 모든 삶이 하나님과 관련된 것이라면, 소명의 삶을 사는 데 있어 가장 중요한 것은 '얼마나 큰 일'을 하는가가 아니라 '얼마나 신실하게' 사는가입니다.

4) 신실함(faithful)

신실함은 성령의 열매 중 하나입니다. "성령의 열매는 사랑과 기쁨과 화평과 인내와 친절과 선함과 신실과." 갈5:22 신실함이 하나님의 사람, 그리고 성령 충만한 사람의 중요한 표지라는 것입니다.

신실하다는 것은 "약속이나 의무를 잘 수행한다"는 뜻입니다. 신실한 사람은 믿을만한 사람이며, 약속한 것을 무슨 일이 있더라도 지키는 사람이며, 어제나 오늘이나 한결같은 사람입니다. 신실함은 '충성됨', '믿을만함', '배신하지 않음'으로 표현할 수 있습니다. 하나님 앞에서 신실하다는 것은 어떤 상황에서도 하나님을 배신하지 않고, 언제 어디서나 하나님께 순종하며 사는 것을 의미합니다. 사람들에게 신실하다는 것은, 맡겨진 일을 책임감 있게 잘 감당하는 것을 뜻합니다.

사람의 신실함이 가장 확실하게 드러날 때는 언제일까요? 상황이 어렵고 힘들 때입니다. 아기는 참 예쁘고 귀엽습니다.

방긋방긋 웃어줄 때는 완전히 마음을 녹여버립니다. 이런 아기를 돌보는 것은 그렇게 어려울 것 같지 않습니다. 하지만 아기는 아기입니다. 천사처럼 웃는 시간보다는 떼쓰고 보채고 요구하는 시간이 더 많은 것이 현실입니다. 이럴 때 아기는 천사에서 악마로 돌변합니다. 이런 아기를 돌보는 것은 마치 지옥을 경험하는 것과 같습니다. 이럴 때도 인내하면서 아기를 돌볼 수 있어야 진정으로 아기를 잘 돌보는 사람이라고 말할 수 있을 것입니다.

상황이 좋을 때 잘하는 것은 별로 어렵지 않지만, 요셉처럼 상황이 어려울 때도 맡은 것을 여전히 잘 감당하는 것은 쉽지 않습니다. 이렇게 쉬울 때나 어려울 때나 한결 같은 사람이 신실한 사람입니다. 신실한 사람은 외부 상황이나 나의 마음 상태와 상관없이 맡겨진 일을 하나님의 소명이라고 생각하면서 열심히 감당하는 사람입니다.

우리 주변에서 이런 사람을 쉽게 찾아볼 수 있을까요? 경험적으로 볼 때 별로 그런 것 같지 않습니다. 그래서 잠언에서도 "스스로를 성실하다고 말하는 사람은 많으나, 누가 참으로 믿을 만한 사람을 만날 수 있느냐?"잠 20:6 라고 회의적으로 말하고 있는 것입니다. 정말로 그렇습니다! 이 시대에서 사라진 매우 중요한 성품이 바로 '신실함' 입니다. 가정에서도, 직장에서도,

교회에서도, 사회에서도 마찬가지입니다. 그래서 그 희소가치 때문에 신실한 사람은 어디에서나 환영받습니다. 누구나 좋아합니다. 요셉이 노예로 팔려간 집이나 감옥에서 신뢰를 얻게 된 것과 같습니다. 우리 주변에도 이런 사람 한두 명쯤은 있을 것입니다. 믿을만한 사람, 궂은일을 불평 없이 해내는 사람, 맡겨진 일은 밤을 새서라도 완수해내는 사람, 약속은 반드시 지키는 사람. 우리가 소명을 성취한 요셉에게서 배워야 하는 점이 바로 이런 신실함입니다.

3. 소명의 삶은 위대한 일을 하는 것을 넘어서는 것이다.

'위대한 일'이 소명과 직결되는 것은 아닙니다. 대통령, 국무총리, 장관, 대학 총장, 유명 작가, 헌신된 사회봉사가, 위대한 목사나 선교사의 직무를 감당한다고 그 모든 것이 자동적으로 위대한 소명의 일이 되는 것은 아닙니다. 소명은 '어떤 일'보다는 '삶의 자세'와 관련된 것입니다. 인간적인 눈으로 볼 때 아무리 대단한 일을 한다고 해도 진정으로 섬기는 마음이 없다면 그것은 하나님과 무관한 일입니다. 오히려 눈에 띄지 않는 일이나 직업일지라도 하나님을 섬기고 이웃을 사랑하는 마음으로 하는 것이라면 그것이야말로 위대한 소명의 일인 것입니다.

물론 우리가 소명 의식으로 '위대한 일'을 할 수도 있습니다. 그러나 그럴 때에도 세상적인 관점에서 일의 크고 작음은 전혀 중요하지 않습니다. 누가 일의 크고 작음을 판단할까요? 대통령의 직무는 큰일이고, 청소부가 하는 일은 하찮은 것인가요? 대형교회의 목사는 위대한 일을 하는 것이고, 시골 작은 교회의 목사는 보잘 것 없는 일을 하는 것인가요? 수천 명을 돌보는 사회복지기관 일은 큰일이고, 작은 집에서 움직이지도 못하는 노인 몇 명을 돌보는 일은 작은 일인가요? 일의 크고 작음을 어떤 기준으로 판단할 것인가요?

우리는 종종 인간적인 관점에서 일의 크고 작음을 판단합니다. 그러나 하나님 보시기에 큰일과 우리가 생각하는 큰일은 다릅니다. 물론 우리가 볼 때 큰일이 하나님 보시기에도 큰일일 수 있습니다. 하지만 이와는 반대로, 우리가 보기에 보잘 것 없는 일이 오히려 하나님 보시기에는 더 위대하고 큰일일 수도 있습니다. 우리의 관점과 하나님의 관점이 항상 일치하는 것은 아닙니다.

이 점은 소명과 관련하여 무엇을 말해 줄까요? 소명이란 '위대한' 비전을 품고, 그것을 성취하기 위해 노력하는 것이라는 생각은 오해일 수 있다는 것입니다. 소명은 크고 작은 일과 별로 상관이 없고, 오히려 하나님의 인도하심을 따라 얼마나 신실하게 맡겨진 일을 감당하고 있는가 하는 것과 관련됩니다. 그래서 역설적으로, 우리가 인간의 눈으로 볼 때 '위대한' 일을 꿈꾸고, 그런 일을 할 수 있는 '자리'를 추구할 때 우리는 점점 더 하나님의 소명의 자리에서 멀어지게 될 위험에 빠지게 됩니다.

우리가 관심을 기울여야 할 것은 어떤 상황에서도 하나님을 신실하게 섬기고 내게 맡겨진 삶을 신실하게 살아가는 것이어야 합니다. 이런 삶의 태도를 계속 견지할 때 하나님께서 나를 필요한 곳에 두서서 사용하실 것이고, 그 결과 나를 통해서 하나님의 계획을 성취하실 것입니다. 그 자리가 요셉처럼 한 나라의 총리의 자리일 수도 있고, 모르드개처럼 성문을 지키는 자리일 수도 있고, 마가처럼 바울과 베드로를 수종 드는 자리일 수도 있고, 스데반처럼 순교의 자리일 수도 있습니다. 그 자리가 어디든 하나님이 우리를 두시는 곳이라면 그 모든 곳이 '소명의 자리' 입니다.

4장

일상적 소명

우리는 앞 장에서 소명과 관련된 세 가지 오해에 대해 살펴보았습니다. 성직, 직업, 위대한 비전은 그 자체로는 소명과 관련이 깊은 것이 사실이지만, 지금 한국교회에서는 이것들이 소명의 전부인 것처럼 인식되고 있기 때문에 문제의 소지가 많다고 지적했습니다. 오히려 성경에서 말하는 소명은 좀 다른 방식으로 이해해야 합니다. 그래서 우리를 향한 하나님의 부르심의 첫 번째로 '거룩한 삶의 소명'을 설명했고, 이번 장에서는 '일상적 소명'을 두 번째 소명으로 다루려고 합니다.

1. 거룩의 일상화

1) 성전, 제사장, 제물

구약시대에 하나님의 임재의 장소로 설정된 곳이 성전이고, 그곳에서 중요한 직무를 감당하던 사람이 제사장이며, 그가 맡은 가장 중요한 일이 거룩한 제물로 제사를 드리는 것이었습니다. 그러나 이제는 이 모든 것들이 사라졌습니다. 하지만 그냥 사라진 것은 아닙니다. 성전과 제사장과 제물과 제사라는 형식은 사라졌지만, 그 의미가 다른 방식으로 계승되었습니다.

우선, 앞에서 언급한 것처럼, 하나님은 모든 그리스도인을 제사장으로 불렀습니다. 구약시대에는 아론의 자손에게만 제사장이라는 특권적 지위가 부여되었지만, 이제는 모든 그리스도인이 하나님의 제사장이 되었습니다. 성전은 무엇으로 변모했을까요? "여러분은 하나님의 성전이며, 하나님의 성령이 여러분 안에 거하신다는 것을 알지 못합니까?"고전 3:16 제사를 지내는 건물로서의 성전은 사라졌고, 그 대신 우리 자신이 하나님의 성전이 되었습니다. 양과 염소와 같은 제물은 무엇으로 대체 되었을까요? "형제자매 여러분, 그러므로 나는 하나님의 자비하심을 힘입어 여러분에게 권합니다. 여러분의 몸을 하나님께서 기뻐하실 거룩한 산 제물로 드리십시오. 이것이 여러분이 드릴 합당한 예배입니다."롬 12:1 우리의 몸이 제물이 되었다는 것입니다. 종합하면, 이제는 우리 자신이 성전이기도 하고, 제사장이기도 하고, 제물이기도 합니다.

바울은 우리가 '산 제물'이 되어야 한다고 말합니다. 우리의 삶이 하나님께 드려지는 제물로 살아가야 한다는 뜻입니다. 그래서 이렇게 권면합니다. "여러분은 이 시대의 풍조를 본받지 말고, 마음을 새롭게 함으로 변화를 받아서, 하나님의 선하시고 기뻐하시고 완전하신 뜻이 무엇인지를 분별하도록 하십시오."롬 12:2 하나님의 뜻을 분별하고 그 뜻대로 사는 것이 우리가 드려야 할 제사입니다. 이것은 성직을 의미하는 것도 아니고, 어떤 특정한 직업을 의미하는 것도 아니며, 위대한 과업을 의미하는 것도 아닙니다. 로마서 12장 이하에서 구체적으로 열거하고 있는 것처럼, 우리가 세상에서 살아가면서 감당해야 하는 일상적인 일들을 하나님의 거룩한 제물처럼 드려야 한다는 뜻입니다. 제사장이 성전에서 하던 직무가 거룩한 일이었던 것처럼, 이제는 하나님의 제사장이요 성전이요 제물인 우리가 일상에서 하는 모든 일들을 하나님이 기뻐하시는 방식으로 감당할 때 그 모든 일들이 거룩한 일이 된다는 뜻입니다.

스가랴 선지자는 "그 날이 오면, 말방울에까지 '주님께 거룩하게 바친 것' 이라고 새겨져 있을 것" 슥 14:20이라고 예언했습니다. 예전에는 성전에 있는 것들만 거룩한 것으로 취급되었고, 그것들을 '성물' 이라고 불렀습니다. 그런데 이제는 말방울처럼 하찮은 것까지도 하나님과 관련된다면 '성물' 이 된다는 것입니다. 이것을 '거룩의 일상화' 라고 부릅니다. 하나님의 거룩한 제사장이 된 우리가 일상에서 관여하고 있는 모든 것들이 거룩한 일이 될 수 있다는 뜻입니다. 텃밭을 일구는 것, 아이들을 돌보는 것, 가사노동을 하는 것, 농사를 짓는 것, 장애인을 위해 자원봉사를 하는 것, 생계를 위해 직장에서 일하는 것, 노부모 수발 드는 일과 같은 것들을 하나님 앞에서 믿음으로 감당할 때 거룩한 일이 된다는 것입니다.

2) 일상적 소명

그리스도인들은 이 세상으로 파송된 제사장이며, 세상 한복판에서 일상의 삶을 순결하고 거룩한 것으로 만들어야 할 소명을 부여받았습니다. 이것이 '거룩한 삶의 소명' 에 이은 두 번째 소명인 '일상적 소명' 입니다. 하나님의 거룩한 제사장이 된 우리를 향한 하나님의 소명은 삶의 모든 영역에서 하나님과 관련해서 살아가는 것입니다. 다른 말로 하면, 하나님께서 우리에게 주신 소명은 삶의 다양한 영역에서 "먹든지 마시든지 무슨 일을 하든지, 모든 것을 하나님의 영광을 위하여 하라"는 명령을 실천하는 것이며고전 10:31, 하나님의 자녀로서 "하나님의 선하시고 기뻐하시고 완전하신 뜻"을 실천하는 것입니다.롬 12:2

우리의 일상은 가정, 학교, 직장, 교회, 사회, 등 다양한 영역에서의 삶으로 구성되며, 각 영역에서 우리는 다양한 역할을 맡고 있습니다. 이렇게 우리가 관여되어 있는 영역에서 하나님의 자녀로서 신실하게 살면서, 주어진 역할을 잘 감당하는 것이 하나님께서 우리에게 주신 소명입니다.

우리는 종종 소명을 하나님과의 관계로만 국한해서 생각하는 경향이 있지만, 소명의 첫 단계는 이웃을 섬기는 것이고, 그것을 통해서 궁극적으로 하나님을 섬기는 것입니다.막 12:30-31 복음을 전하는 것, 고난당한 사람을 돕는 것, 창조세계를 돌보는 것, 왜곡된 사회구조를 바꾸는 것, 창조적 문화 활동 등 우리가 하나님을 섬기는 마음으로 하는 모든 일들은 일차적으로 사람들을 섬기는 일들입니다.

이렇게 이웃 섬김과 하나님 섬김은 동전의 양면처럼 밀접하게 관계를 맺고 있습니다. 하나님이 창조하신 사회를 구성하고 있는 모든 사람들은 서로에 대해서 잘 알지 못하지만 자신의 역할을 잘 감당하면서 서로를 섬기고 있습니다. 이것이 하나님께서 세상을 유지하시는 방식입니다. 그리스도인도 사회 안에서 수많은 관계의 그물망 속에서 신실하게 살아가면서 다른 사람을 섬기게 됩니다. 그러므로 '일상적 소명'은 세상 속에서 우리에게 주어진 역할을 잘 감당하면서 다른 사람을 섬기는 것이고, 그것을 통해서 하나님을 기쁘시게 하는 것입니다.

2. 일상에서 소명의 삶 살기

일상에서 소명의 삶을 사는 것이 어떤 것인지에 대해서는 영역별로 구체적인 예를 들면서 설명하려고 합니다.

1) 학교에서

지금도 수많은 학생들이 목표를 이루기 위해 열심히 공부하고 있습니다. 그들은 어떤 목표를 세워놓고 공부하고 있을까요? 더 좋은 직장을 얻는 것? 더 많은 돈을 버는 것? 더 높은 지위를 차지하는 것? 아니면 사회적 인정을 받는 것?

얼마 전 고위 공직에 임명된 사람의 인터뷰를 본 적이 있습니다. 그 분은 70-80년대 독재 시대에 학창 시절을 보냈고, 친구들은 민주화운동에 참여했지만 자신은 여러 이유로 그렇게 하지 못했다고 합니다. 친구들은 시위에 참여하다가 잡혀서 감옥에 끌려가고, 고문을 당해 몸이 망가지기도 했지만, 본인은 그런 친구들을 바라보기만 했다고 합니다. 이것이 마음에 무거운 짐으로 남았습니다. 오랜 고민 끝에 그는 자신이 잘 할 수 있는 공부를 통해서 친구들의 빚을 갚자는 결론을 내렸습니다. 그래서 빚진 자의 심정으로 더 열심히 공부했다고 합니다. 그 결과 대학 교수가 되었지만, 그는 교수직에 안주하지 않고 공정한 사회를 만들기 위해 시민단체에 적극적으로 참여했다고 합니다. 그런 노력과 전문성을 인정받아 공직에 임명된 것입니다. 그의 목표는 분명했습니다. 공부해서 출세하고 돈 많이 버는 것이 아니었습니다. 친구들은 반독재투쟁을 통해서 좋은 세상을 만들기 위해 노력했다면, 자신은 공부를 통해서 더 정의로운 나라를 만드는 데 기여하고 싶었던 것입니다.

지금도 공부하고 싶지만 여러 사정 때문에 할 수 없는 사람들이 많이 있습니다. 그들은 공부할 기회를 얻은 사람들을 부러워합니다. 이런 사람들을 생각하면 공부할 수 있는 기회를 얻었다는 것은 혜택을 얻었다는 것을 의미하고, 그런 기회를 얻지 못한 사람에게 빚을 진 것과 다름없다고 생각할 수 있습니다. 그렇다면 우리는 공부를 통해서 얻게 되는 좋은 결과들을 혼자 독식하려고 하면 안 됩니다. 그것을 통해서 다른 사람들을 섬기려고 해야 합니다. 그것이 일상적 소명을 감당하는 삶입니다.

우리는 학교에서 단지 공부만 하지 않습니다. 그 안에서 다른 사람과 다양한 관계를 맺습니다. 친구들과의 관계에서도 하나님이 기뻐하시는 방식대로 행하는 것이 일상적 소명을 실천하는 삶입니다.

　유학 시절 학기말 시험을 얼마 남겨두지 않은 시점이었습니다. 함께 공부하던 친구가 차를 운전해서 6시간 떨어진 곳에 증명서를 떼러 가야하는데, 혼자가자니 심심하고 힘들 것 같아 동무가 되어달라고 요청한 적이 있었습니다. 그의 청을 들어주고 함께 길을 떠나면 하루를 허비해야 합니다. 기말시험이 코앞인데 하루를 공부하지 못하면 학점에 큰 영향을 줄 게 뻔했습니다. 잠시 고민하다가 친구의 요청을 거절했습니다. 친구도 무리한 부탁이라는 것을 알고 있었기에 내 거절을 충분히 이해해주었습니다. 하지만 다음 날 친구의 빈자리를 보면서 후회와 자책이 밀려왔습니다. '다른 시간에 더 열심히 공부하고 친구와 함께 갔어야 했는데….' 다음날 돌아온 친구를 봤지만 미안한 마음에 잘 다녀왔느냐고 묻지도 못했습니다.

　요즘은 학점 부담이 더 심해졌고, 입시와 취업에서 더 좋은 성과를 내기 위해서 친구들 사이에 경쟁도 더 치열해졌습니다. 이 극심한 경쟁에서 살아남으려면 친구들보다 공부도 더 잘 해야 하고 스펙도 더 잘 쌓아야 합니다. 이제는 친구가 서로 돕고 의지하는 존재라기보다는 앞서기 위한 경쟁상대로 전락해버렸습니다. 친구 관계를 표현하는 단어로 우정보다는 경쟁이 더 맞는 시대가 되었습니다. 우리도 이런 흐름을 맹목적으로 따라야 할까요? 그것이 학교라는 일상의 공간에서 하나님이 우리에게 원하시는 것일까요? 나의 성적이나 스펙을 높이기 위해 도움이 필요한 친구를 외면하는 것이 옳은 일일까요?

우리는 이기적인 목표에 눈이 어두워 더 의미 있는 것, 하나님께서 기뻐하실 일을 보지 못하는 경향이 있습니다. 학생으로서 신실하게 소명을 감당하는 것은 학교를 지배하고 있는 무한 경쟁, 친구를 경쟁상대로만 보게 만드는 이 시스템에 휩쓸려가지 않고, 그 속에서 하나님의 뜻을 분별하여 행동하는 것입니다.

2) 직장에서

연구소에 다니던 A 선배는 교회에서 훈련받았던 제자훈련을 직장에서도 실천하기로 결심하고 10여명과 함께 성경공부 모임을 시작했습니다. 그 탓으로 A 선배의 저녁은 교제와 성경공부로 가득 차게 되었습니다. 그에게 직장은 단순히 일을 하고 돈만 받는 곳이 아니었습니다. 사람들을 만나고, 하나님을 알아가고, 사람들을 하나님 앞에서 세워주는 현장이었습니다. 그 A 선배가 어느 날 자신의 힘겨웠던 경험을 나누었는데, 그것은 출장비에 관한 것이었습니다. 연구원들은 지방 출장을 종종 가는데, 청구한 비용보다 적게 쓰는 경우가 대부분이었고, 남는 돈은 각자의 주머니 속으로 들어간다고 합니다. 당시는 아직 정확한 회계처리가 이루어지지 않았을 때라 이렇게 하는 것이 그 부서의 관행이었습니다. A 선배는 이 관행이 불편했습니다. 성경적 원칙과 어긋난다는 생각이 들었기 때문이었습니다. 그래서 연구소 성경공부 동료들과 함께 이 문제를 놓고 기도한 후에 팀장에게 잘못된 관행을 바로 잡자고 건의를 했습니다. 어떤 반응을 보였을까요? '그래, 이제부터는 정직하게 출장비 처리를 하자' 라는 대답 대신, 팀장뿐만 아니라 다른 연구원들로부터 비난과 조롱을 받았습니다. 자신들의 부수입?이 사라지는 것에 대한 저항이 대단했습니다. 하지만 누구도 이런 관행이 정당하다고 생각하지 않았기 때문에 결국 우여곡절 끝에 이 잘못된 관행은 시정되었다는 이야기를 나중에 들었습니다. A 선배는 직장에서 하나님 앞에 신실하게 살아야 하는 소명을 실천한 것입니다.

금융기관에 근무하던 B 후배는 순환보직 시스템에 따라 서울 본사에서 근무하다가 천안 지점으로 발령이 나서 몇 년을 거기서 근무하게 되었습니다. 교회를 비롯한 모든 관계들이 서울에 있었기에 그는 다시 서울로 돌아오고 싶어 했고, 몇 년 후 다시 본사로 돌아올 기회를 얻게 되었습니다. 그런데 그 때 B 후배보다 조금 늦게 천안으로 내려온 동료가 부탁을 해왔습니다. 직장 생활을 하는 아내가 둘째를 임신했는데 출산하면 서울 처갓집 근처에 있어야 아이들을 돌볼 수 있겠다며 서울 본사로 가는 기회를 자신에게 양보해달라고 사정했습니다. 우선권은 입사 연차에서 앞선 후배에게 있었습니다. 더군다나 과거에 연차가 아래인 직원이 이런 기회를 차지한 적은 한 번도 없었습니다. 또한 이 기회를 놓치면 언제 다시 서울로 올라갈 기회가 오게 될지 모르는 상황이었습니다. 하지만 그는 동료의 형편이 자신보다 더 어렵다는 것을 이해하고 그 자리를 양보해주었습니다. 자신이 원하는 것을 잠시 뒤로 미루고, 동료의 사정을 들어주기로 결심한 것입니다. 그 후 2년이 더 지나서야 그는 서울로 올라올 수 있었습니다.

직장에서 자신의 권리를 챙기는 것은 정당하다고 생각하기에 누구나 그렇게 합니다. 하지만 당연한 권리를 양보해야 할 때도 있습니다. 직장에서도 섬기는 삶을 살라는 하나님의 말씀은 여전히 유효하기 때문입니다. 격무와 승진의 압박이 옥죄는 직장에서도 우리를 향한 하나님의 부르심은 여전히 살아 있습니다. 그 부르심에 응답하는 것이 직장이라는 일상의 공간에서 소명의 삶을 사는 것입니다.

직장 생활을 30년 넘게 한 후에 은퇴한 C 선배를 만났습니다. 겉으로 보기에는 별 일 없이 잘 다닌 것 같았는데, 그는 직장 생활이 '너무 힘들었다'고 고백했습니다. 다람쥐 쳇바퀴 도는 것 같은 변함없는 지루한 생활에서 벗어나고 싶을 때가 한두 번이 아니었고, 모든 것 다 때려 치고 해외로 훌쩍 떠나버릴까 하는 생각도 여러 번 했고, 내 인생이 이렇게 끝나는 것인가 싶어 서글퍼지기도 했다고 합니다. 하지만 가족에 대한 책임감과 하나님께서 나를 이곳에 두셨으니 잘 감당해야 한다는 소명의식으로 버텼다고 했습니다. 아마 대부분의 직장인들이 자신의 이야기와 다르지 않다고 느끼면서 공감할 것입니다. 즐겁고 신나게 직장 생활을 하는 사람은 손에 꼽을 만큼 적을 것입니다. 대부분은 생계를 위해 고통을 참으면서 오늘도 직장으로 출근할 것입니다. 이렇게 즐겁지도 않고, 큰 보람도 느끼지 못하는 직장 생활을 30년씩이나 하는 것은 인생의 낭비가 아닐까요? 하지만 앞장에서도 언급했듯이, 우리의 일은 생계를 위한 귀한 목적을 성취하는 도구일 뿐만 아니라 하나님과 이웃을 섬기기 위한 소중한 소명의 일입니다. 비록 큰 업적을 내지 않아도, 주목할 만한 일을 하지 않아도, 별로 알아주는 사람이 없어도, 일할 수 있는 기회를 주신 것에 감사하면서 묵묵히 30년을 버텨온 것은 하나님의 부르심에 신실하게 응답했다는 뜻이며, 이런 사람이 바로 소명을 성취하는 사람입니다.

3) 가정에서

아이를 낳고 키우는 일은 쉽지 않습니다. 육체적으로도 그렇고, 정서적으로도 그렇습니다. 그래서 육아에 전념하는 사람들은 자신이 점점 무의미한 존재로 전락하는 것이 아닌가 하는 생각에 사로잡힐 때가 많습니다. 몇 년 동안 허송세월하는 것처럼 보입니다. 아무도 알아주지 않는 일, 별로 보람도 느낄 수 없는 일을 하는 것 같습니다. 매일 매일 아이와 씨름하지만 그날이 그날 같습니다. 앞으로 나아간다는 느낌이 별로 없습니다. 어제도 똥 싸고 오늘은 더 많이 싸고, 어제도 화장실 좀 다녀오려고 하면 울어대고 오늘은 일어나려고만 하면 울기 시작하고. 매일 매일이 지루한 일상의 반복입니다. 하지만, 이런 허무한 느낌과는 달리 아이와 씨름하며 힘든 일을 감내하는 모습은 세상에서 가장 아름다운 풍경입니다. 생명을 키워내는 일이기 때문입니다. 생명의 창조자이신 하나님과 동역하는 일이기 때문입니다. 그렇기에 모든 사람이 알아주는 위대한 일을 성취하는 것 못지않게 하나님이 주신 귀한 생명을 잘 키우는 일이야말로 하나님의 소명을 성취하는 일입니다. 아이를 양육하는 사람도 그렇게 생각하면서 양육을 감당해야 하고, 주변 사람들도 양육의 의미를 귀하게 인정해주어야 합니다.

　50대 중반이었던 D 교수님은 이미 여러 권의 책을 쓰셨고, 여전히 깊이 있는 연구를 거듭하고 계셨습니다. 그러나 시간이 갈수록 학교를 나서서 집으로 돌아가는 시간이 빨라졌고, 예전과 달리 방학 중에는 거의 학교에 나타나지 않았습니다. 나중에 대화를 나누다가 사정을 알게 되었습니다. 아내가 유전성 질환을 앓고 있다는 것입니다. 이미 30대 때부터 증세가 나타났는데, 나이가 들수록 상태가 악화되어 요즘은 정상적인 생활을 하기 어려워졌다는 것입니다. 이제는 가사일도 거의 손을 놓은 상태고, 다른 사람의 도움 없이는 외출도 불가능해졌다는 것입니다. 가끔 자식들이 와서 집안일을 돕기는 하지만, 그들도 자신의 생활이 있어서 쉽지 않고, 결국 남편인 본인이 돌봐야 한다는 것이었습니다. 이런 대화를 나눈 지 약 2년 쯤 후에 D 교수님은 학교를 그만두고 아내의 고향으로 이주하셨습니다. 한창 책을 쓰고, 업적을 남기고, 전국을 다니면서 강의를 해야 할 50대 중반에, 그 모든 일을 접고 전적으로 아내를 돌보기 위해 집으로 들어가신 것입니다. 이 분은 교수로서의 소명을 저버린 것인가요? 그렇지 않습니다. 그는 가정을 지키고 아내를 돌보는 더 귀한 소명을 감당하고 있는 것입니다. 교수의 일을 할 때가 있고,

아내를 돌봐야 할 때가 있습니다. 어느 하나가 더 중요하고 더 소명과 가까운 일이라고 말할 수 없습니다. 아이들을 돌보고 가정을 꾸리기 위해 자신의 커리어를 접은 수많은 주부들과 마찬가지로, 때로는 가정의 필요를 위해 아무리 사회적으로 각광받는 일이라도 포기할 줄 아는 것이 일상적 소명의 삶을 사는 것입니다.

음악을 좋아했던 친구가 있었습니다. 음대에 진학하거나 음악과 관련된 활동을 하고 싶었지만, 그 꿈을 접을 수밖에 없었습니다. 아버지는 평생 일을 하지 않는 분이었고, 집안 살림을 꾸려나갔던 어머니는 몸이 안 좋아져서 더 이상 일을 하기 어려운 상황이 되었기 때문입니다. 그래서 고등학교를 졸업하자마자 취업을 했습니다. 친구들은 대학에 가서 공부도 하고, 미팅도 하고, 동아리 활동도 하면서 청춘을 만끽하고 있었지만, 그는 월요일부터 토요일까지 일을 해야 했습니다. 처음에는 직장 생활을 몇 년 하고 나면 대학에 갈 수 있지 않을까 기대했지만, 여전히 풀리지 않는 가정 형편에 언감생심이었습니다. 결국 그는 대학을 완전히 포기할 수밖에 없었습니다. 그가 돈을 벌고 있었기에 동생은 대학에 갈 수 있었고 어머니는 병든 몸으로 더 이상 고생을 하지 않아도 괜찮게 되었습니다. 이렇게 30년을 지냈습니다. 나는 그에게서 부모님을 원망하거나 자신의 처지를 비관하는 말을 들어본 적이 없습니다. 그는 자신의 가정 형편과 어깨 위에 얹힌 삶의 무게를 담담히 받아들였고, 자신이 일을 해서 가족들의 생계를 책임지는 것을 소명으로 받아들였기 때문입니다. 그는 자신이 하고 싶은 것을 하지 못했습니다. 가족이라는 무거운 짐을 지고 평생을 살았습니다. 다른 사람들이 볼 때 어떤 의미 있고 대단한 일을 한 것도 없습니다. 하지만 그는 일상에서 하나님께서 주시는 소명에 진심으로 응답하며 살았습니다.

4) 교회에서

고등학생 때부터 교회에 나온 후배가 있었습니다. 그는 공부는 말할 것도 없고, 다른 일에도 열정이 없었고, 가정형편도 어려워서 반항심에 가끔 가출까지 했습니다. 대학에 들어갈 실력도 안 되었고, 그렇다고 직장생활을 할 생각도 별로 없었습니다. 고등학교 졸업하고 군대 가기까지 1-2년을 빈둥거리면서 지냈습니다. 온 가족이 교회를 다니고 있었기 때문에 할 수 없이 교회에 나오기는 했지만, 그냥 몸뚱이만 나오는 정도였습니다. 그러던 그가 군대를 제대하고 마지못해 끌려갔던 청년부 수련회에서 하나님을 만났습니다. 즉각 몇 가지 변화가 일어났습니다. 먼저 얼굴 표정이 달라졌고, 사람들을 피하지 않게 되었고,

교회 모임에도 빠짐없이 나오기 시작하더니, 처음으로 돈벌이를 하기 시작했습니다. 처음에는 비디오 가게에서 일을 하더니 카페 알바를 거쳐 드디어 동네 슈퍼마켓에 취직하였습니다. 가정과 교회의 골칫덩이가 사라지고 오히려 사랑스런 아들과 교회의 신실한 청년이 나타난 것입니다.

교회에 잘 나오기 시작한지 1년쯤 지난 후 청년부 전도사님과 임원들이 모여 이제는 그에게도 어떤 역할을 맡기는 것이 좋겠다는 이야기를 나누었습니다. 그런데 아무리 생각해도 그에게 적합한 일이 떠오르지 않았습니다. 그가 잘하는 것이 무엇인지 전혀 눈에 띄지 않았기 때문이었습니다. 실제로 그는 주일학교 교사를 해 본 적도 없고, 성가대를 한 적도 없고, 기타를 칠 줄도 모르고, 리더십이 있는 것도 아니었습니다. 청년부에서 맡길 만한 일을 도무지 찾을 수 없었습니다. 그러던 때에 사람들이 어떤 변화를 감지하기 시작했습니다. 청년부 토요 모임 때마다 예전과 달리 자리 정리가 잘 되어 있었다는 것을 발견한 것입니다. 나중에 알아보니 그가 한 일이었습니다. 누구보다 가장 먼저 와서 자리 정리를 했던 것입니다. 우리는 '이거다!' 하고 생각했습니다. 우리는 무언가 눈에 띄는 역할을 찾았지만, 눈에 안 보이는 귀한 역할이 있었던 것이고, 그는 스스로 그것을 찾았던 것입니다.

더 중요한 사실이 있었습니다. 그는 모임에서 앞장 서는 역할을 맡은 적은 없었지만, 언제나 '그 자리'에 있었습니다. 어떤 모임이든 그는 최선을 다해 참석하려고 했고, 언제나 웃는 얼굴로 잔심부름을 감당했습니다. 그래도 싫어하는 내색을 전혀 하지 않았습니다. 나는 그를 볼 때마다 고맙고 감사했고, 하나님이 살아계시는 증거가 내 눈 앞에 있다는 생각을 하지 않을 수 없었습니다. 그의 과거를 잘 알고 있었고, 지금 그의 모습이 과거와 너무나 대비되었기에.

그는 교회에서 어떤 소명을 감당했나요? 어떤 멋진 소명을 감당한 게 있나요? 소그룹 리더, 청년부 회장, 찬양팀, 봉사부장, 선교부장? 그는 그런 역할을 할 만한 능력이 없었습니다. 그렇다고 그가 소명과 무관한 삶을 산 것은 아니었습니다. 그는 다른 사람들이 보기에 눈에 띄지 않지만 중요한 역할을 했으며, 있어야 할 자리에 항상 있는 것을 통해서 매우 소중한 소명을 감당했던 것입니다.

하나님은 우리를 교회로 부르셔서, 교회 공동체에서 우리가 감당할 소명을 주셨습니다. 우리가 교회에서 주도적인 역할을 하지 않더라도 내가 있는 자리에서 할 수 있는 일을 감당하는 것이 하나님이 우리에게 기대하시는 것입니다. 그것은 수백 명의 사람들을 전도하는 일이나, 성경공부를 인도해서 수많은 제자들을 키워내는 일이나, 아름다운 목소리와 악기로 찬양을 해서 많은 사람들에게 은혜를 끼치는 일이 아닐지 모릅니다. 오히려 새끼발가락처럼 눈에 안 띄는 존재감으로 감당하는 작은 일일지도 모릅니다. 하지만 교회라는 일상에서 우리를 부르시는 하나님의 음성에 순종하여 내가 할 수 있는 일을 감당하는 것, 그것이 바로 소명의 삶입니다.

5) 작은 일에 신실한 삶

이처럼 하나님은 일상의 다양한 영역에서 하나님께서 주신 역할을 잘 감당하도록 우리를 부르셨습니다. 그것이 바로 소명의 삶입니다. 위대하고 거창한 일이 아니어도 상관없습니다. 다만 자신에게 주어진 역할을 책임감 있고 신실하게 감당하는 것이 소명의 삶입니다.

상황이 어렵거나 힘들 때, 또는 하고 싶지 않은 일을 맡았을 때에도 불평하지 않고 신실하게 감당하는 것은 쉽지 않습니다. 하지만 그런 태도야말로 삶의 다양한 영역에서 내게 주어진 작은 역할들이 하나님이 주신 소명이라고 생각하는 사람이 보여주는 귀한 모습입니다.

중국 선교사였던 허드슨 테일러는 "작은 일은 작은 일이다.

그러나 작은 일에 신실한 것은 큰 일이다" 하고 말했습니다. 어떻게 수많은 빈민을 구제하는 위대한 일을 감당할 수 있었느냐는 질문에 테레사 수녀는 이렇게 대답했습니다. "나는 큰 일을 하지 않는다. 다만 작은 일을 큰 사랑으로 할 뿐이다." 하나님은 자신에게 주어진 일상적 소명에 신실한 사람을 귀하게 여기십니다. 그래서 "주님께서 신실한 사람은 지켜 주신다"고 약속하신 것입니다. 시31:23

3. 예기치 못한 결과

1) 요셉의 성취

무의미하게 보이는 소소한 일상에서 신실하게 살아가는 것은 그 자체로 고귀한 소명을 감당하는 것이지만, 눈에 띄지 않는 소명의 삶은 때때로 예기치 못한 결과를 가져오기도 합니다. 요셉의 삶이 이것을 잘 보여줍니다.

요셉은 형들에 의해 노예로 팔려간 후 13년 동안 힘겨운 삶을 살았습니다. 하지만 그는 절망하거나 포기하지 않고 주어진 상황에서 신실하게 소명의 삶을 살았습니다. 그 결과는 믿기지 않을 정도로 놀라웠습니다. 대기근 속에서 굶어죽을 위기에 빠진 가족을 살렸고, 그로 인해 언약 백성을 형성하려는 하나님의 계획이 중단 없이 이어졌고, 그 민족으로부터 온 민족을 구원할 메시아가 나왔습니다. 이처럼 하나님은 험한 인생 여정 속에서 신실하게 자신의 역할을 감당한 요셉의 삶의 조각들을 하나하나 모아 멋진 성취를 이뤄내셨습니다.

2) 역설

요셉의 삶은 '역설' 그 자체였습니다. 요셉은 자신이 전혀 의도하지도 않았고, 계획하지도 않았고, 오히려 바라고 원하는 것이 하나도 이루어지지 않은 상황으로 떨어져버린 막장 인생을 살았습니다. 하지만 고난 속에서도 신실한 삶의 태도를 견지하면서 버텼는데, 어느 날 보니 하나님의 일이 성취되어 있었던 것입니다.

일상적 소명의 삶은 이런 역설을 가지고 있습니다. 일상의 지루하고 힘겨운 과제 속에 파묻혀 소명이 무엇인지도 모르고, 위대한 비전도 꿈꿀 수 없는 상태입니다. 소명은커녕 내가 세운 인생 계획은 다 꼬이고 좌절되고, 오히려 힘들고 어렵고 절망적인 상황이 지속됩니다. 그래서 내 인생은 망했다고 생각하며 절망합니다. 아무 의미가 없는 실패라고 생각할 수밖에 없습니다. 하지만 그런 지루한 삶을 포기하지 않고, 힘겹지만 내게 주어진 일상적 소명의 삶을 신실하게 살아갈 때, 어느 날 나도 모르게 하나님의 놀라운 일이 성취되고 소명을 성취하는 삶을 살게 된다는 것입니다.

작곡을 전공한 한 청년의 꿈은 멋진 뮤지컬을 작곡하여 자신의 작품을 브로드웨이 무대에 올리는 것이었습니다. 당장 뉴욕으로 가고 싶었지만, 돈이 부족했기 때문에 일단 일을 해서 돈을 더 모은 후에 가기로 마음먹었습니다. 지역에 있는 고등학교에서 계약직 음악교사로 일하기 시작했고, 학교 오케스트라까지 맡아서 방과 후에 학생들을 지도하는 일도 시작했습니다. 2-3년 정도 일하고 번 돈으로 뉴욕으로 갈 계획이었습니다. 그러는 와중에 사랑하는 사람을 만나 결혼하게 되었고, 아이도 낳게 되면서 돈은 잘 모이지 않은 채 시간만 흘러갔습니다. 조급한 마음이 생겨 한 때는 가족을 버려두고 혼자 뉴욕으로 가려고도 했지만, 아들이 청각 장애를 가진 것이 발견되면서 자신의 꿈을 따르는 일은 더 어려워졌습니다.

그는 특히 오케스트라에 애정을 쏟았지만 이끌고 가기가 쉽지 않았습니다. 부모 등쌀에 억지로 온 아이들, 악기를 처음 만져본 아이들, 정서적인 치료가 될까 해서 들어온 아이들로 가득 찬 오케스트라는 멋진 화음은커녕 악보대로 소리를 내기도 어려웠습니다. 하지만 그는 아이들의 고민도 들어주고, 개인 레슨도 해 주고, 학교를 포기하려던 아이를 찾아가 복귀시키기도 하면서 오케스트라를 유지하려고 힘을 쏟았습니다. 음악을 사랑하는 마음도 컸지만, 아이들을 향한 애정도 점점 커졌고, 오케스트라가 계속 존재해야 생계를 이어갈 수 있었기 때문이었습니다.

그런 세월이 1년, 2년 계속되다가 어느새 20년이 훌쩍 넘어버렸습니다. 그러던 어느 날 그는 해고 통지를 받았습니다. 학교 재정의 악화로 음악 수업이 줄어들었고, 오케스트라 프로그램도 폐지하게 되었기 때문입니다. 오랜 세월 공을 들인 일들이 수포로 돌아간 것과 다름없었습니다. 그는 애초에 뮤지컬을 작곡하려고 했고, 그 자금 마련을 위해 학교에 발을 들여놓았던 것입니다. 하지만, 그 꿈에는 근처에도 가보지 못한 채 어느 새 50대 실업자가 되어버린 것입니다. 퇴직 통보를 받은 날 그는 해고되었다는 사실보다는 자신의 인생이 실패했다는 느낌 때문에 더 힘들었습니다. 누가 봐도 그는 실패한 사람이었습니다. 하고 싶은 일을 못했을 뿐만 아니라 아무런 업적도 이루지 못했기 때문입니다.

짐을 싸들고 학교를 떠날 때 그의 마음은 절망감에 무너지는 것 같았습니다. 마지막으로 교무실을 나서는 그의 귀에 강당에서부터 음악소리가 들려왔습니다. 배웅을 하던 동료 교사가 함께 강당으로 가보자고 해서 따라나섰습니다. 강당에서는 다름 아닌 자신이 심혈을 기울여 키워 온 오케스트라가 연주를 하고 있었습니다. 그의 제자들이 모여 학교를 떠나는 그를 위해 공연을 준비했던 것입니다. 오케스트라 구성을 보니 재학생뿐만 아니라 오케스트라를 거쳐 간 졸업생까지 참여하고 있었습니다.

20여 년 전에 함께 씨름했던 아이들이 어엿한 성인이 되어 그 자리에 있었던 것입니다.

그들은 선생님을 지휘대로 초청하여 그가 작곡한 곡의 지휘를 부탁했습니다. 그가 지휘대로 올라가자, 20년 전에는 선생님의 속을 무던히도 썩였지만 지금은 인정받는 정치인이 된 졸업생 대표가 나와서 말합니다. "선생님은 멋진 뮤지컬을 작곡하여 브로드웨이에서 공연하는 꿈을 꾸었습니다. 그러나 그 꿈을 이루지는 못했습니다. 이런 점에서 보면 선생님은 실패자일 것입니다. 하지만 우리는 그렇게 생각하지 않습니다. 뮤지컬 작품을 쓰는 것에는 실패했을지 모르지만, 그렇다고 해서 선생님이 아무 것도 남기지 않은 것은 아닙니다. 선생님은 뮤지컬 악보보다 훨씬 멋진 작품을 남기셨기 때문입니다. 여기 모여 있는 우리 모두가 바로 선생님의 작품입니다. 선생님의 애정과 열성적인 가르침 덕분에 우리 한 사람 한 사람은 음악을 알게 되었고, 삶의 방향을 바로 잡게 되었고, 때로는 절망적인 상황에서 빛을 발견하기도 했습니다. 그래서 우리의 삶에는 선생님의 흔적이 담겨 있습니다. 그러니 우리야말로 선생님의 가장 멋진 작품입니다."

계획대로 된 것이 없었습니다. 뮤지컬 작곡의 꿈을 이루지 못했습니다. 유명해지지도 못했습니다. 이런 점에서 보면 그의 인생은 분명히 실패입니다. 그러나 그는 자신에게 주어진 역할을 충실하게 감당했습니다. 그 결과는 엉뚱한 것으로 나타났습니다. 자신이 전혀 의도하지 않았던 다른 열매를 맺게 된 것입니다. 영화 Mr. Holland's Opus

일상에서 주어진 역할을 신실하게 감당하는 삶은 이처럼 예기치 못한 결과를 가져오기도 합니다. 요셉의 삶처럼, 그리고 홀랜드 선생님의 삶처럼. 내가 꿈꾸고 소망하는 것이 이루어지지 않을지 모르지만, 하나님이 더 귀하게 여기는 일들이 성취되는 놀라운 상황이 벌어지기도 합니다. 이것이 소명을 성취하는 삶입니다.

우리의 꿈은 무엇인가요? 무엇을 성취하고 싶은가요? 우리는 꿈을 꿀 수 있고, 원대한 목표를 세울 수도 있습니다. 하지만 그 전에 스스로에게 물어야 합니다. '지금 내게 주어진 일상의 역할을 잘 감당하고 있는가?'

멋진 꿈이나 위대한 일을 성취하는 것은 좋은 일입니다. 모두 그 길로 달려가려고 합니다. 그것이 보람 있는 인생이라고 말합니다. 하지만, 위대하고 멋진 일을 하나도 성취하지 못했어도, 그것보다 더 귀한 일을 나도 모르게 성취할 수도 있습니다. 일상의 소명을 신실하게 잘 감당하다가.

4. 주께 드릴 열매

지금 '헬조선'을 살아가는 수많은 사람들의 삶이 요셉의 처지와 비슷한 것 같습니다. 자신의 뜻대로 되는 일이 하나도 없습니다. 꿈조차 꿀 수 없습니다. 마음껏 하고 싶은 것을 할 수 없으니 마치 포로나 종으로 잡혀 있는 것과 다를 바 없어 보입니다. 절망적입니다. 앞이 안 보입니다. 앞으로도 상황이 변할 것 같지 않아서 더 절망적입니다. 그 결과 청소년 시절 IMF 구제금융 사태를 겪고, 사회에 나올 시기에 사상 최대의 청년 실업 사태를 겪은 30대가 집단 우울증 증세를 보인다는 소식까지 들려오고 있습니다. 이런 상황에서 청년들 사이에서는 사회를 향한 원망, 기성세대를 향한 불만, 시대와 국가를 향한 한탄이 넘쳐나고 있습니다. 충분히 이해할만합니다. 정말로 힘겨운 시기를 지나고 있기 때문입니다.

요셉도 절망적인 시기를 지냈습니다. 그는 노예로 팔려 가족에게서 멀어졌고, 억울한 옥살이로 자유를 빼앗기면서 힘겨운 삶을 이어갔습니다. 만약 요셉이 '이렇게 힘든데 청소하는 게 무슨 소용이야?' '내가 이렇게 억울한데 교도소 화장실이나 치우고 있다는 게 말이 돼?' 라고 원망하면서 자포자기했다면, 그는 노예로 생을 마치면서 사람들에게나 하나님 앞에서 잊혀진 인물이 되었을 것입니다. 하지만 그는 가장 열악하고 힘겨운 상황에서도 불평하거나 신세타령하면서 허송세월하지 않았습니다. 그는 자신에게 주어진 무의미하게 보이는 일상의 삶을 신실하게 살려고 노력했고, 바로 그것이 차이를 만들어냈습니다.

하나님의 사람은 이런 사람들입니다. 그들은 인생이 항상 내 뜻대로, 내가 원하는 대로 되는 것이 아니라는 것을 압니다. 그렇다고 불평과 원망을 하면서 세월을 허비하거나, 허황된 꿈 속에서 헤매거나, 한탕을 통해 인생 역전하려고 하지 않습니다. 그들은 지금 자신에게 주어진 작은 일상의 역할에 최선을 다하려고 애쓰는 사람들입니다. 일상의 작은 일들을 맡기신 하나님의 뜻을 파악하고 그대로 실천하려고 애쓰는 사람들입니다. 그 작은 일들이 하나님이 보시기에는 전혀 작은 일이 아니라는 것을 알고 있기에, 하나님이 자신에게 주신 소명의 삶을 하나씩 하나씩 신실하게 살아가려고 애쓰는 사람들입니다.

'나는 어떤 사람인가?'
현실에 절망하면서 일상의 작은 역할을 무시해버리는 사람인가요? 아니면, 상황이 어렵고 힘들고, 눈물 나고, 포기하고 싶고, 앞이 안 보이고, 아무도 거들떠보지도 않고, 마치 끝이 보이지 않는 사막을 정처 없이 걷는 것 같지만, 여전히 내 인생의 끈이 하나님과 연결되어 있다는 것을 믿고, 나를 사랑하시는 하나님이 맡기신 작은 역할들을 신실하게 감당하는 소명의 사람인가요?

힘겨운 인생길 끝에서 우리는 하나님 앞에 서게 될 것입니다. 그 때 우리는 우리가 걸어온 삶을 뒤돌아보면서, 하나님께서 우리에게 맡겨주신 일상의 삶을 신실하게 살다가 나도 모르게 맺게 된 열매들, 내가 의도하지 않았지만 우리의 신실한 삶을 통해서 만들어진 작품들을 보게 될 것입니다. 그리고 그것들이 하나님께 내어드릴 소명의 열매라는 것을 알게 될 것입니다. 그 때 하나님은 우리의 땀과 눈물을 닦아주시고 안아주시면서 이렇게 칭찬해주실 것입니다. "잘했다 착하고 충성된 종아, 네가 작은 일에 충성하였으니 와서 나와 함께 기쁨을 누리자."마25:21

주께 드릴 열매를 기대하면서 오늘도 우리에게 주어진 소명의 삶을 신실하게 살아가는 주님의 멋진 사람들에게 하나님의 은혜가 언제나 함께 할 것입니다.

5장

비전적 소명

지금까지 우리는 소명에 대한 세 가지 오해성직적, 직업적, 영웅적와 두 가지 소명에 대해서 살펴보았습니다. '거룩한 삶의 소명'은 구원 받은 후에 하나님처럼 '거룩한 자'가 되는 것이 우리의 일차적인 소명이라는 것, '일상적 소명'은 세상에 드러나는 멋진 일은 하지 않았지만 일상가정, 학교, 직장, 교회, 사회, 등등에서 맡겨진 다양한 역할을 신실하게 감당하는 것 역시 우리가 수행해야 할 소명의 삶이라는 점을 이야기했습니다.

이번 장에서는 세 번째 소명인 '비전적 소명'에 대해서 생각해보려고 합니다.

1. 느헤미야와 비전적 소명

1) 비전적 소명

모든 그리스도인들은 예외 없이 '거룩한 삶의 소명'과 '일상적 소명'을 받았고, 그것을 잘 감당하기 위해 애써야 합니다. 많은 사람들은 평생 동안 거룩한 삶의 소명과 일상적 소명만을 감당하기도 벅찹니다. 이것을 넘어서는 다른 일을 감당하기는 시간적으로나 능력적인 면에서 힘든 사람들이 많습니다. 그러나 하나님은 때때로 사람들을 불러서 우리의 일상을 넘어서 세상 속에서 감당해야 할 일이 있다는 것을 보여주십니다. 이것을 '비전적 소명'이라고 합니다.

'비전적 소명'은 '일상의 삶을 넘어서 하나님께서 주신 재능과 관심과 열정을 사용해서 하나님과 다른 사람들을 섬기기 위해 비교적 장기간 힘써야 할 소명'입니다. 이 정의에는 비전적 소명에 관한 몇 가지 특징이 담겨 있습니다.

첫째, '일상의 삶을 넘어서.' 비전적 소명은 가정과 직장과 학교와 교회 같은 우리의 일상적 삶을 넘어서는 영역과 관련됩니다.

둘째, '하나님께서 주신 재능과 관심과 열정을 사용해서.' 세상의 어떤 필요를 하나님의 마음과 눈으로 보게 되었고, 그것이 나의 마음과 관심을 움직여서 내가 가진 것을 사용하도록 이끕니다.

셋째, '하나님과 다른 사람들을 섬기기 위해.' 그 일은 나의 즐거움이나 성취감을 얻기 위한 취미생활이 아닙니다. 나에게 이익이 없어도 사랑으로 섬기기 위해 나서는 일입니다.

넷째, '장기간 힘써야 할 일.' 이 일은 한두 번 하고 말 일이 아닙니다. 몇 달, 몇 년, 때로는 평생 동안 꾸준하게 힘써야 할 일을 의미합니다.

2) 일상적 소명을 넘어서 비전적 소명으로

생활이 어려울수록 일상적 소명만을 감당하기도 벅찹니다. 실제로 일상적 소명을 넘어서는 다른 일은 엄두도 낼 수 없는 사람들이 많이 있습니다. 하지만 외적인 조건이 그렇다 할지라도 하나님의 분명한 부르심이 있다면 일상의 한계를 뛰어 넘는 에너지가 생성되어 하나님이 부르시는 '비전적 소명'을 위해 애쓸 수도 있습니다. 일상적 소명을 잘 감당하는 것이 중요하지만, 세상을 향해 부르시는 하나님의 음성을 잘 분별하고 응답하는 것 역시 중요합니다. 문제는, 일상을 넘어서는 소명을 어떻게 분별하느냐 하는 것입니다. 이 질문에 답을 하기 위해 느헤미야라는 인물의 삶을 관찰해 보려고 합니다. 그를 통해서 일상적 소명 속에서 비전적 소명을 어떻게 발견하고, 그것을 어떻게 감당해야 할지 살펴보겠습니다.

3) 느헤미야의 시대적 상황

먼저, 느헤미야가 살았던 시대적 상황을 살펴봅시다. 사울 왕으로부터 시작된 이스라엘 왕국은 솔로몬왕 사후에 두 쪽으로 갈라져 남북 왕국으로 대립하면서 존속해왔습니다. 그 후 북쪽 이스라엘이 BC 722년에 앗시리아에 의해 멸망당하고, 남쪽 유다 역시 BC 586년에 바빌로니아에 의해 패망하여 수도 예루살렘이 파괴되고 수많은 사람들이 포로로 잡혀가게 되었습니다. 포로로 잡혀간 땅에서 나름대로 기반을 잡고 안정적인 삶을 이어간 사람들도 있었습니다. 다니엘과 세 친구, 에스더와 모르드개 같은 사람들이 대표적입니다. 하지만 다수의 이스라엘 사람들은 70년이 지나면 고향으로 돌아가게 될 것이라는 선지자들의 예언을 기억하면서 조국으로 돌아갈 날을 고대하였고, 하나님의 약속대로 고레스 왕의 허락 하에 많은 사람들이 다시 이스라엘 땅으로 돌아올 수 있었습니다. 하지만 포로로 잡혀갔다가 돌아온 사람들이나 패망 후에도 조국 땅에 남아 힘겨운 삶을 이어갔던 사람들 모두 폐허 더미에서 평안한 삶을 영위하기는 어려웠습니다. 특히 무정부상태가 되어버린 그곳에서 신변의 안전을 보호해줄 성채를 세우지 못한 채 불안한 나날을 보내야 하는 것이 가장 힘겨웠습니다. 이런 상황 속에서 느헤미야가 등장합니다.

4) 비전적 소명의 기초 – 일상적 소명

유대인 포로의 후손이었던 느헤미야는 페르시아 아닥사스다 왕의 술 맡은 관원이었습니다.¹:¹¹ 이것은 그가 에스라와는 달리 제사장이나 선지자가 아니었고, 왕궁에서 일하는 보통 직장인이었다는 것을 의미합니다. 어느 시대나 마찬가지겠지만, 권력자의 비위를 맞추면서 일하는 것은 결코 쉬운 일이 아닙니다. 오늘날 수많은 직장인들이 겪는 애환을 그도 역시 겪었을 것입니다. 그러나 그는 맡겨진 일을 충실하게 감당했고, 그 결과 왕에게 호의를 입을 정도로 인정받게 되었습니다. 그래서 느헤미야가 이스라엘 성의 복원을 위해 지원을 요청했을 때 아닥사스다 왕은 기꺼이 휴가를 내주었고, 물심양면으로 아낌없는 지원까지 해주었습니다.²장 이것은 느헤미야가 요셉처럼 일상적 소명에 충실한 삶을 살았고, 그로 인해 사람들에게 인정을 받게 되었고, 그것이 비전적 소명을 수행하는 데 매우 유용한 자원이 되었다는 것을 보여줍니다.

이처럼 비전적 소명은 일상적 소명과 완전히 분리된 것이 아닙니다. 특별한 비전적 소명을 찾기 위해 힘써야 하겠지만, 그것이 일상적 소명을 소홀히 여기는 핑계가 되어서는 안 됩니다. 일상적 소명을 신실하게 감당하는 것이 비전적 소명을 발견하고 잘 감당하게 해주는 기초가 되기 때문입니다.

2. 비전적 소명의 발견

느헤미야는 하나님의 비전적 소명을 어떻게 발견하게 되었을까요? 느헤미야 1장과 2장을 살펴보면 몇 가지 요소가 함께 작용했음을 알 수 있습니다.

1) 첫째, 세상의 필요에 대한 인식

느헤미야는 페르시아의 수도였던 수사에서 비교적 안정된 생활을 하고 있었습니다. 그러던 어느 날 형제인 하나니가 이스라엘을 다녀왔다는 소식을 듣고 그를 불러 그 곳 사정을 듣고 싶었습니다.

"나의 형제 가운데 하나인 하나니가 다른 사람들과 함께 유다에서 왔기에, 이리로 사로잡혀 오지 않고, 그 곳에 남아 있는 유다 사람들은 어떠한지, 예루살렘의 형편은 어떠한지를 물어보았다. 그들이 나에게 대답하였다. "사로잡혀 오지 않고 그 지방에 남은 사람들은, 거기에서 고생이 아주 심합니다. 업신여김을 받습니다. 예루살렘 성벽은 허물어지고, 성문들은 다

불에 탔습니다.""" 느1:2-3

느헤미야는 자기 세계에 갇혀 있는 사람이 아니었습니다. 조국의 형편이 어떠한지 관심이 있었고, 그곳에 있는 사람들이 어떻게 살고 있는지 알고 싶어 하는 사람이었습니다. 요즘으로 말하면 계속 뉴스를 보고 있었고 사람들의 사정에 귀를 기울이고 있었다는 뜻입니다. 이것이 그가 세상과 사람들의 필요를 발견할 수 있는 통로가 되었습니다. 자신의 안락함에만 신경을 쓰면서 세상에 무관심하면 세상의 문제와 필요가 무엇인지, 다른 사람들이 어떻게 살아가며 어떤 곤경에 처해 있는지 잘 모르게 됩니다. 비전적 소명은 세상 속에서 하나님이 원하시는 일을 하는 것입니다. 그러기 위해서는 세상의 필요가 무엇인지 알아야 하고, 세상 사람들이 어떻게 살고 있는지 이해해야 합니다.

예수님은 "아버지께서 나를 보내신 것 같이 나도 제자들을 세상으로 보낸다"고 말씀하셨습니다. 요17:18 우리가 감당해야 할 소명은 세상에서 발견됩니다. 그렇기에 우리가 섬겨야 할 세상의 상황을 모르면 하나님이 보여주시는 소명을 알아채지 못하게 됩니다. 세상에서 무엇이 망가졌는지, 누가 고통을 당하고 있는지, 어떤 제도가 하나님의 뜻을 떠나 사탄의 손에서 놀아나고 있는지 알아야 하는데, 그러기 위해선 뉴스를 보고, 책을 읽고, 사람들의 이야기를 듣고, 일이 벌어지는 현장에 방문하는 등, 세상이 돌아가는 상황을 알아야 합니다.

2) 둘째, 하나님의 말씀과 뜻에 대한 지식

하나니가 전한 소식을 듣고 느헤미야는 하나님 앞에서 금식하면서 기도합니다.

> "주님의 종 모세를 시키시어 하신 말씀을 기억하여 주십시오. 우리가 죄를 지으면, 주님께서 우리를 여러 나라에 흩어 버리겠지만, 우리가 주님께로 돌아와서, 주님의 계명을 지키고 실천하면, 쫓겨난 우리가 하늘 끝에 가 있을지라도, 주님께서 거기에서 우리를 한데 모아서, 주님의 이름을 두려고 택한 곳으로 돌아가게 하겠다고 하신 그 말씀을, 이제 기억하여 주십시오." 느 1:8-9

느헤미야는 레위기 26장과 신명기 30장에서 하나님이 이스라엘 백성들에게 주신 약속을 인용하면서 이스라엘의 회복을 위해 간구하고 있습니다. 이렇게 느헤미야가 하나님의 약속을 기억하고 있다는 것은 하나님의 말씀을 잘 알고 있었다는 것을 의미합니다. 느헤미야는 제사장이나 선지자가 아니었지만, 하나님이 오랜 전 모세를 통해서 주셨던 말씀을 잘 알고 있었습니다. 그래서 예루살렘 성을 복원하는 일이 하나님의 뜻에 부합된다는 것을 확신할 수 있었고, 그렇기에 담대하게 하나님의 도움을 구할 수 있었던 것입니다.

하나님이 주시는 소명을 알기 위해서는 하나님의 뜻을 잘 알아야 하지 않겠습니까? 이것은 사랑하는 사람을 기쁘게 해주기 위해서는 그 사람이 무엇을 좋아하는지 알아야 하는 것과 같습니다. 소명의 삶이란 하나님이 기뻐하시는 것을 하는 것입니다. 그러므로 느헤미야처럼 하나님의 뜻을 기록한 성경을 잘 알아야 합니다.

종교개혁 이후 모든 성도들에게 성경이 주어졌음에도 불구하고, 여전히 많은 그리스도인들이 성경을 잘 모르는 것 같습니다. 어느 조사에 의하면, 응답자 중 60%는 '선한 사마리아인' 이 누구를 지칭하는지 전혀 몰랐고, 누가복음에 나오는 '돌아온 탕자' 를 묻는 질문에는 62%가 모른다고 답변했습니다. 십계명을 정확히 암송하는 사람은 고작 5% 밖에 되지 않았고, 16%는 아는 계명이 하나도 없다고 고백했습니다.

성경은 우리에게 보낸 하나님의 사랑의 편지이기도 하고, 우리가 따라야 할 신앙지침매뉴얼과 같은 것이기도 합니다. 그렇기 때문에 성경을 잘 알아야 세상을 향한 하나님의 계획을 이해할 수 있고, 그 속에서 내가 무엇을 하기를 원하시는지 파악할 수 있습니다.

이처럼 비전적 소명을 발견하는 데 필요한 두 번째 요소는 하나님의 말씀과 뜻을 바르게 이해하는 것입니다. 그러므로 우리는 부지런히 성경을 공부해야 합니다. 단지 지식을 위해서가 아니라 하나님의 마음을 이해하고 우리를 향한 하나님의 부르심에 바르게 응답하기 위해서.

3) 셋째, 긍휼의 마음

하나니를 통해 예루살렘 거민들의 소식을 들은 느헤미야의 반응은 무엇이었습니까?

> "이 말을 듣고서, 나는 주저앉아서 울었다. 나는 슬픔에 잠긴 채로 며칠 동안 금식하면서, 하늘의 하나님께 기도하여 아뢰었다."1:4

느헤미야는 예루살렘에서 비참하게 살고 있는 사람들의 소식을 듣고 마음이 무겁고 안타까워서, 자리에 주저앉아 통곡하고 금식하면서 기도했습니다. 그들을 향해 긍휼의 마음이 솟아난 것입니다. 이런 마음으로 기도한 후에 그는 이 사람들을 위해 자신이 무언가 해야 한다고 결심했습니다. "하나님이 나의 마음을 움직이셔서 예루살렘에서 일하도록 하신 것"2:12이라고 말하는 것으로 볼 때, 느헤미야는 이 긍휼의 마음이 하나님으로부터 온 것이라고 생각한 것 같습니다.

'비전적 소명'은 사람들의 안타까운 상황을 보고 마음이 움직이는 것이고, 그 속에서 하나님의 부르심을 느끼는 것입니다. 사람들마다 마음이 강하게 끌리는 것들이 각기 다릅니다. 어떤 사람들은 고아나 학대받는 어린아이들에게 끌리고, 다른 사람들은 사회에서 제대로 돌봄을 받지 못하는 미혼모나 홀몸 노인들, 장애인, 난민들이 눈에 더 밟히고, 또 다른 사람들은 불의한 경제구조로 고통 받는 빈곤한 사람들에게 더 깊은 긍휼의 마음이 생깁니다. 그러므로 내 마음을 아프게 하고, 사로잡는 문제가 무엇인지 주목해야 합니다. 그런 마음이 하나님이 주시는 마음일 수 있기 때문입니다. 비전적 소명은 바로 이런 마음의 토대에서 발견되는 것입니다.

4) 넷째, 재능과 은사 분별

비전적 소명을 발견하기 위해 필요한 마지막 요소가 하나 더 있습니다.

예루살렘 성을 재건하는 일은 쉬운 일이 아니었습니다. 그

곳에 거주하는 백성들의 마음을 모으는 리더십이 있어야 하고, 성을 건축하기 위한 막대한 돈과 물자를 동원할 수 있어야 할 뿐만 아니라, 이스라엘의 재건을 방해하는 주변 세력들의 방해를 물리치는 힘이 필요했기 때문입니다. 패망한 나라에서 이렇게 난관이 많은 과업을 감당할 수 있는 사람을 찾기란 매우 어려웠을 것입니다. 그 때 나타난 사람이 느헤미야였습니다. 그는 당시 대제국이었던 페르시아에서 왕을 직접 보필하는 중책을 맡고 있었습니다. 지금으로 치면 대통령의 비서관이나 장관 정도 되는 인물이었습니다. 당시는 왕정시대였고, 페르시아가 대제국이었다는 것을 감안하면, 느헤미야의 위상이 꽤 높았음에 틀림없습니다. 이것은 무엇을 의미합니까? 예루살렘 성을 복원하는 데 필요한 능력을 갖추고 있었다는 뜻입니다.

느헤미야는 예루살렘 성을 복원하려는 마음을 먹고 하나님께 간절히 기도한 다음, 페르시아 왕에게 간청하였습니다. "임금님께서 좋으시다면, 소신이 유다까지 무사히 갈 수 있도록 유프라테스 서쪽 지방의 총독들에게 보내는 친서를 몇 통 내려 주시기 바랍니다. 또 왕실 숲을 맡아 보는 아삽에게도, 나무를 공급하라고 친서를 내리셔서, 제가 그 나무로 성전 옆에 있는 성채 문짝도 짜고, 성벽도 쌓고, 소신이 살 집도 짓게 하여 주시기

바랍니다."느 2:7-8 페르시아의 아닥사스다 왕은 느헤미야의 요청을 흔쾌히 들어주었습니다. "나의 하나님이 선하신 손길로 나를 잘 보살펴 주셔서, 왕이 나의 청을 들어주었다. 왕은 나에게 장교들과 기병대를 딸려 보내어, 나와 함께 가게 하였다. 그래서 나는 길을 떠나, 유프라테스 서쪽 지방의 총독들에게로 가서, 왕의 친서를 전하였다."느 2:8-9

세상의 필요를 느끼고 그것을 채워주고 싶은 마음이 있다고 해서 누구나 다 그렇게 할 수 있는 것은 아닙니다. 나의 능력과 자원을 생각해야 합니다. 물론 하나님께서 현재 나의 능력과 자원을 뛰어 넘어 지원해 주실 때가 있고, 지금은 내가 가진 것이 없지만 간절한 마음으로 나설 때 필요한 자원이 모이는 경우도 있지만, 기본적으로 '비전적 소명'이란 하나님께서 내게 주신 재능이나 자원을 사용해서 섬기는 것입니다.

5) 직접 계시?

이렇게 네 가지 요건하나님의 말씀과 지식, 세상의 필요에 대한 인식, 긍휼의 마음, 재능과 은사을 통해서 하나님께서 내게 주시는 '비전적 소명'을 분별하게 되는데, 여기서 한 가지 의문이 생기게 됩니다. 느헤미야가 하나님의 소명을 인식한 방식은 성경의 다른 인물들의 방식과 다르다는 점입니다. 느헤미야는 네 가지 요소를 통해서 하나님의 소명을 인식했지만, 성경에 나오는 대부분의 인물들은 하나님이 직접 불러서 소명을 주셨습니다. 모세, 여호수아, 사무엘, 다윗, 이사야, 선지자들, 세례요한, 제자들, 바울까지. 그렇다면 우리도 이들처럼 하나님의 직접적인 계시를 기다려야 하는 것이 아닌가요? 꿈이든 환상이든 하나님이 나타나서 '개똥아, 내가 너에게 이런 일을 맡기겠다' 라고 말씀하셔야 하는 것이 아닌가요?

저는 여전히 이런 일이 일어날 가능성이 있다고 생각합니다. 하나님은 과거와 동일하시고 살아계신 분이기 때문에 과거에 사용했던 계시 방식을 얼마든지 사용할 수 있기 때문입니다. 그러므로 사람에게 직접 나타나서 어떤 일을 지시하시거나 꿈이나 환상을 통해서 자신의 뜻을 보여주는 것이 충분히 가능합니다. 하지만 두 가지 고려해야 할 것이 있습니다.

첫째, 성경 인물들의 이야기는 후대 사람들이 기록했기 때문에 그들이 하나님의 직접적인 계시를 받은 것인지 여부를 검증하고 확인할 수 있는 충분한 시간이 있었지만, 지금 어떤 사람이 하나님의 직접적인 계시를 받았다고 하면, 그 주장을 객관적으로 검증하기가 쉽지 않습니다. 자신은 하나님이 직접 나타나신 것이라고 생각할지라도, 착각이나 근거 없는 환영일 수도 있고, 혹은 귀신의 장난일 수도 있기 때문입니다.

둘째, 성경이 기록되고 완성된 이후 하나님은 직접적인 계시보다는 자신의 뜻과 계획을 포괄적으로 밝혀놓은 성경을 통해서 우리에게 말씀해주십니다. 이런 이유로 우리는 성경을 '하나님의 말씀'이라고 부르는 것입니다. 따라서 느헤미야처럼 하나님의 뜻을 분별하고 자신의 비전적 소명을 발견한 방식이 오히려 지금 시대에 더 적합한 방식이라고 생각합니다. 그는 구약 시대 인물이지만 하나님의 직접적인 계시를 받지 않았습니다. 그는 세상의 필요를 보았고, 그 필요를 해결하는 것이 하나님의 뜻이라는 말씀을 기억했기에 그것을 자신의 소명으로 확신하고 자신이 가진 자원을 동원해서 행동에 나선 것입니다. 느헤미야는 하나님의 뜻을 제대로 분별했고, 하나님이 그와 함께 했다는 사실을 성경이 확인해줍니다.

이처럼, 지금은 하나님의 직접적인 계시를 통해서 비전적 소명을 발견하기보다는 느헤미야처럼 성경에 계시된 세상을 향한 하나님의 뜻을 분별하고, 우리 시대의 필요를 발견하면서 하나님이 나를 부르시는 목소리를 듣게 되는 것이 일반적입니다.

이런 과정을 거쳐 느헤미야는 예루살렘 성을 복원하는 과업을 자신에게 주시는 하나님의 '비전적 소명'으로 인식했고, 그것을 성취하기 위해서 뛰어들었습니다. 느헤미야의 헌신적인 노력으로 예루살렘 성은 수많은 난관 끝에 완공됩니다. 절망 속에 살던 멸망한 나라의 백성들에게 안전한 거처를 마련해 주고, 다시 일어설 수 있다는 소망을 주고, 그들을 다시 하나님 앞에 세우는 멋진 결과가 일어난 것입니다. 더 나아가, 비전적 소명을 감당하기 위한 느헤미야의 힘겨운 노력은 오래전에 이스라엘 백성들에게 준 하나님의 약속을 성취하는 것이었고, 앞으로 오게 될 메시야의 새로운 시대를 열어주는 계기가 되었습니다.

3. 비전적 소명을 성취하는 다양한 방식

　비전적 소명은 일상적 소명을 넘어서는 것입니다. 일상적 소명을 잘 감당하는 것으로도 충분하지만, 세상의 더 깊은 필요를 보면서 굳이 나서지 않아도 될 사명에 자신을 던지는 것이 비전적 소명을 성취하는 삶입니다. 비전적 소명을 발견하는 방식도 사람마다 다를 뿐 아니라 그것을 성취하는 방식도 다양합니다.

　1) 첫째, 어떤 사람은 처음부터 직업적 소명과 비전적 소명을 일치시킵니다.

　이것은 사회에 나가기 이전에 그리스도인이 되었고, 하나님의 소명에 대한 강한 의식을 가진 청년들에게 주로 해당됩니다.

　단기선교의 경험과 의료 선교사와 교제를 나눠 본 경험의 영향으로 청소년 시절부터 의료 선교사가 되어 아프리카에서 섬기는 것을 자신의 소명으로 인식한 청년이 이런 경우에 해당됩니다. 대한민국에서 의사로서 일상적 소명을 잘 감당하는 것도 의미가 있지만, 자신의 의술을 선교와 연결하는 것은 일상적 소명을 비전적 소명화 하는 것입니다.

어떤 청년은 대학생 시절 복지 동아리 멤버들과 함께 노인 복지관에서 봉사했던 경험을 통해 비전적 소명을 발견했습니다. 많은 노인들이 난청으로 고생하고 있다는 것을 보고, 보다 싼 값에 좋은 보청기를 보급할 수 없을까 고민하다가 몇몇 친구들과 함께 보청기를 개발하여 회사를 세웠습니다. 기존의 보청기는 너무 비싸서 돈이 없는 노인들에게는 그림의 떡이었기 때문이었습니다. 그는 자신의 직업과 비전적 소명을 일치시킨 것입니다.

2) 둘째, 자신의 직업이나 일을 통해 세상의 특별한 필요를 채우는 것

이것은 자신의 직업적 능력을 하나님의 소명을 성취하는 특별한 목적을 위해 사용하는 경우입니다. 직업을 바꾸는 것은 아닙니다. 다만 직업을 통해 일상적 소명을 감당하는 한편, 남는 시간에 직업적 능력을 활용해서 또 다른 특별한 필요를 채우는 것입니다.

작은 법무 사무실에서 일하는 어느 변호사의 경우가 여기에 해당됩니다. 그는 난민 지원을 하는 NGO 활동가를 통해 난민

들의 상황을 알게 되었습니다. 그는 전 세계의 난민이 6천 만 명이 넘으며, 우리나라도 난민 신청을 받기 시작한 1994년 이후 작년까지 난민 신청자가 2만 3천 명 정도 되지만 난민 지위를 인정받은 사람은 3%에도 못 미치는 672명 정도라는 사실도 알게 되었습니다. 그뿐만 아니라 난민으로 받아들여진 사람들에 대한 정착 지원도 턱없이 부족하다는 것도 확인하게 되었습니다. 그는 우리나라에 난민 신청을 한 사람들의 열악한 상황이 너무 안타까웠습니다. 언어적 장벽, 문화적 적응 문제, 아이들 교육 문제, 난민으로 인정받지 못하면 또 떠돌이가 되거나 극단적으로는 본국으로 송환될 수도 있다는 현실에 슬픔을 느꼈습니다. 그는 "외국 사람이 나그네가 되어 너희의 땅에서 너희와 함께 살 때에, 너희는 그를 억압해서는 안 된다. 너희와 함께 사는 그 외국인 나그네를 너희의 본토인처럼 여기고, 그를 너희의 몸과 같이 사랑하여라"는 말씀이 난민을 도우라는 하나님의 부르심으로 들렸습니다. 레 19:33-34 그는 난민 지원 단체와 협력해서 그들을 돕기 시작했습니다. 변호사 지위를 활용해서 그들이 난민 지위를 얻을 수 있도록 법적 지원을 해주고, 행정 처리를 기다리는 동안 자신이 다니는 교회 성도들에게 한국어 교육을 받을 수 있게 연결해주고, 아이들에게도 한국어와 영어를 가르치는 사람들을 연결해주었습니다. 그는 이것을 자신의 '비전적 소명'으로 받아들인 것입니다. 이 활동을 하면서 그의 수입은 줄어들었습니다. 시간을 빼앗겨서 다른 소송을 많이 맡지 못했을 뿐만 아니라, 난민 신청자의 딱한 사정을 외면할 수 없어 자기 주머니를 털어 도와주었기 때문입니다. 하지만, 그는 이제야 자신이 변호사가 된 이유를 알겠다고 하면서, 오히려 그들 때문에 자신이 소명을 위해 살아가는 사람이 될 수 있었다며 감사하다고 말합니다.

3) 셋째, 그리스도인이 된 후 비전적 소명에 맞춰 직업을 바꾸는 경우

성경에는 이런 인물들이 많이 나옵니다. 새롭게 복음이 전파되는 이야기가 기록되어 있기 때문일 것입니다. 베드로를 비롯한 예수님의 제자들은 땅 끝까지 증인이 되라는 예수님의 명령을 감당하기 위해 이전 직업을 버리고 사도의 직무를 감당했습니다. 바울 역시 율법학자에서 선교사로 직업을 바꿨고, 일곱 집사들도 과거 직업이 무엇인지 알려지지 않았지만, 집사로 세워진 후에는 거의 전적으로 복음을 전하고 교회를 섬기는 일에 전념했습니다.

남강 이승훈1864-1930도 이런 경우에 해당됩니다. 그는 열 살에 고아가 되어 제대로 된 교육도 받지 못한 채 유기 상점에서 허드렛일을 하는 것으로 세상살이를 시작했습니다. 성실하게 일했던 그는 가게 주인의 도움을 받아 자신의 가게를 열게 되었고, 나중에는 공장까지 세웠습니다. 그는 조선 제일의 갑부가 되는 꿈을 가졌고, 실제로 꽤 많은 돈을 벌었습니다. 하지만 한창 잘나가던 시절에 그의 인생이 전환되는 일이 생겼습니다. 1907년 44세에 평양에서 안창호의 연설을 듣고 감화 받아 신민회에 가입하여 민족의식을 배우게 된 것입니다. 그는 교육이 나라를 살리는 길이라는 안창호의 가르침을 따라 사재를 털어 1907년에 오산학교를 설립했습니다. 1년 후 또 다른 인생의 전환점이 되는 사건이 발생합니다. 1908년 대부흥운동이 한창일 때 우연히 어느 목사의 설교를 듣게 된 것이 계기가 되어 기독교인으로 거듭나게 된 것입니다. 이것을 계기로 인생 목표가 또 한 번 전환됩니다. 조선 최고의 갑부가 되려던 꿈을 완전히 버리고 복음으로 백성을 살리고, 학교를 통해 깨우치는 것을 자신의 소명으로 삼았습니다. 교육과 복음을 결합하는 비전을 세운 것입니다. 그는 오산학교를 기독교 학교로 변모시키고, 독립운동에도 가담하면서 평생 모은 돈을 사용하기 시작했습니다. 사업가에서 복음전도자요 교육운동가로 직업을 바꾼 것입니다. 그 결과는 고난의 연속이었습니다. 일본 경찰에 잡혀 수시로 감옥에 드나들게 되었기 때문입니다. 그럼에도 그는 이렇게 고백합니다.

"내가 감옥에 들어간 후에 한 일은 2천 7백 페이지나 되는 구약을 열 번이나 읽었고, 신약전서를 40독 하였으며, 그 외 기독교에 관한 서적 읽은 것이 7만 페이지는 될 터이니 내가 평생에 처음 되는 공부를 하였소. 장래 나의 할 일은 나의 몸을 온전히 하나님에게 바치어 교회를 위하여 일할 터이니 나의 일할 교회는 일반 세상 목사나 장로들의 교회가 아니라 온전히 하나님이 이제로부터 한 민족에게 복을 내리시려는 그 뜻을 받아 동포의 교육과 산업을 발달시키고자 하오." 그는 이것을 자신의 '비전적 소명'으로 받아들인 것입니다. 돈 벌어서 편하게 살 수 있었음에도, 남강 이승훈은 40대 이후 20여년의 삶을 하나님과 민족을 위해 헌신하다가 1930년 67세에 조국의 독립을 보지 못하고 눈을 감았습니다. 계속되는 일제의 압박과 옥고로 인한 협심증 때문이었습니다. 하나님을 알게 된 후 그의 삶은 하나님의 소명을 따라 움직이는 삶이었습니다. 김기석, 『남강 이승훈』 (파주: 한국학술정보, 2005))

4) 넷째, 자신의 주된 일이나 역할이 있지만(학생, 직장인, 주부, 등등), 세상의 필요를 발견하고 시간을 내어 그 일에 힘쓰는 사람들

많은 사람들이 이런 방식으로 비전적 소명을 감당합니다.

군대 제대 후 복학한 한 청년은 청소년 지원 단체에서 일하던 선배를 통해서 조손가정이나 한 부모 가정의 청소년들에게 도

움이 절실하다는 것을 알게 되었습니다. 자신도 일찍 어머니를 여의고 할머니 손에 자랐기 때문에 그들의 마음과 상태를 잘 이해할 수 있었습니다. 그는 단체의 가이드를 받아 할머니와 함께 사는 어느 중학생의 멘토가 되었습니다. 이렇게 대학생 시절부터 시작된 관계는 직장인이 되어서까지도 계속 이어졌습니다. 그는 이 아이가 홀로 설 수 있을 때까지 도우려고 하고, 그 후에는 또 다른 아이에게 도움을 주려는 계획을 가지고 있습니다. 그는 이 일을 자신의 비전적 소명으로 받아들인 것입니다.

지금도 매주 수요일 일본대사관 앞에서는 위안부 문제해결을 촉구하는 집회가 열리고 있습니다. 다양한 사람들이 자발적으로 참여하고 있는데, 3년 동안 거의 매주 빠지지 않고 참여하고 있는 그리스도인 청년들도 여러 명 있습니다. 이들은 대부분 대학생들이지만, 종군위안부 할머니들의 힘겨운 사정을 마음에 품고 억울함을 푸는 일에 힘을 보태고 싶어서 이렇게 오랜 기간 집회에 참여하고 있는 것입니다. 그들은 이것을 자신의 비전적 소명으로 받아들인 것입니다.

이처럼 자신의 직업을 별도로 갖고 있으면서 그 외의 시간을 활용하여 긴 호흡으로 세상의 필요를 돕는 것이 비전적 소명에 힘쓰는 또 다른 방식입니다.

(5) 다섯째, 일상적 소명을 신실하게 감당하다가, 은퇴 후에 세상의 필
   요를 채우기 위해 나서는 경우

65세에 교수직을 은퇴하고 아프리카 말리로 가신 분이 있습니다. 그분은 30대 무렵에 선교사가 되고 싶었으나 여러 가지 사정으로 못하다가, 어느 선교단체에서 은퇴자들을 선교사로 훈련하여 파송한다는 소식을 듣고 지원한 것입니다. 그는 공학 박사인 자신의 지식을 활용하여 그곳 대학에서 무보수 객원 연구원으로 있으면서 기술 발전에 도움을 주는 동시에, 선교사들을 측면 지원하는 일을 맡게 되었습니다. 선교단체에서는 최소한의 경비만 지원할 뿐 기본적으로는 자비량으로 일하는 것인데, 그에겐 그동안 모아둔 돈과 연금이 있었기에 가능한 일이었습니다.

이처럼 'silver mission'이라는 개념으로 은퇴 후에 자비량으로 선교지로 가거나 국내 봉사단체에서 일하는 것이 점점 더 활성화되고 있습니다. 일상적 소명을 감당하는 데 모든 에너지가 요구되었던 삶을 일단락 짓고, 전적으로 비전적 소명을 위해 힘쓰는 인생의 단계로 들어가는 사람들이 늘어나고 있는 것입니다.

6) 여섯째, 세상의 필요를 위해 봉사하다가 그 일과 일치되는 직업으로 바꾸는 경우

서울에 있는 어느 교회가 주변 지역과 좀 더 깊이 있는 관계를 맺으면서 지역을 섬기려는 생각으로 마을 공동체 단체와 협력하고 있었는데, 경제 연구소에 다니는 40대 남전도회 봉사부장이 교회 쪽 책임자로 세워졌습니다. 그 집사는 청년 시절에 공동체 활동에 적극적으로 참여한 경험이 있었고, 지금도 마을과 공동체에 대해 지속적인 관심을 가지고 있던 터라 가장 적합한 사람으로 인정받았기 때문이었습니다. 그는 퇴근 후나 주말을 이용해서 지역 단체와 협의하여 독거 어르신이나 조손 가정 아이들을 돕고, 마을 축제를 기획하고, 지역 복지관의 다양한 필요를 채워주는 일들을 했습니다. 그렇게 2-3년 열심히 봉사하다가 그는 마을 공동체 활동과 사회적 경제를 연결하는 좀 더 체계적인 활동이 필요하다고 판단하여 연구소를 사직하고 직접 NGO를 설립하였습니다. 자신의 비전적 소명을 위해 직업을 바꾼 것입니다.

이런 전환은 갑자기 일어나지 않습니다. 직업을 바꾼다는 것은 쉬운 결정이 아니기 때문입니다. 하지만 지속적으로 비전적 소명을 위해 움직이다보면 그 일을 직업으로 삼는 것도 가능

하다는 것을 보게 되는 경우도 있습니다.

우리가 비전적 소명을 감당하는 방식은 이처럼 다양하지만, 목적은 동일합니다. 하나님나라의 복음을 전하든, 강도 만난 사람처럼 어려움에 처한 사람들을 돕든, 사람들을 압제하는 왜곡되고 비틀어진 제도나 사회구조를 바로 잡기 위해 애쓰든, 하나님이 의도하셨던 아름다운 세상을 회복하기 위해 애쓰든, 이 모든 일을 하는 목적은 세상을 향한 하나님의 마음과 계획에 공감하고 적극적으로 동참하려는 것입니다.

우리는 일상에서 내게 주어진 다양한 역할을 신실하게 감당하면서 살아가야 합니다. 그것은 하나님께서 우리에게 주신 가장 기본적인 소명입니다. 하지만 때로는 우리의 일상을 넘어서 좀 더 긴 호흡으로 내게 주어진 자원과 능력을 사용해서 하나님의 일에 동참해야 할 때가 있습니다. 하나님은 다양한 통로를 통해서 우리를 부르시고 손짓하십니다. 그 때 우리는 나의 상황을 살펴보고 어떤 방식으로 하나님의 부르심에 응답할지 고민해야 합니다. 응답하는 방식은 사람마다 다양하겠지만, 소명을 감당하기 위해 나서야 하는 것은 모든 그리스도인들에게 동일하게 요구되는 것입니다.

여러분의 '비전적 소명'은 무엇입니까? 여러분이 발견한 세상의 필요는 무엇입니까? 마음을 움직이게 하는 세상의 안타까운 상황은 무엇입니까? '이 일은 네가 감당하면 좋겠다'고 하시는 하나님의 부르심이 느껴지는 것은 무엇입니까? 여러분의 현재 상황에서 어떤 방식으로 비전적 소명을 감당하는 것이 좋을까요?

우리가 이 질문들에 열린 마음으로 답을 한다면, 우리는 하나님이 일하고 계시는 소명의 현장에서 하나님과 동역하는 특권을 누리게 될 것입니다.

6장

소명의 삶

1. 소명의 기본 정신

1) 섬김

지금까지 우리는 소명에 대한 오해 세 가지와 더불어 우리 삶의 가장 기본이 되는 소명 세 가지에 대해서 살펴보았습니다. 거룩한 삶으로의 소명, 일상적 소명, 비전적 소명. 소명을 세 가지로 분류했지만, 기본 정신과 자세는 동일합니다. 소명을 감당하는 자로서 우리가 가져야 할 정신은 바울의 다음과 같은 권면에 잘 나타나 있습니다.

"여러분 안에 이 마음을 품으십시오. 그것은 곧 그리스도 예수의 마음이기도 합니다. 그는 하나님의 모습을 지니셨으나, 하나님과 동등함을 당연하게 생각하지 않으시고, 오히려 자기를 비워서 종의 모습을 취하시고, 사람과 같이 되셨습니다. 그는 사람의 모양으로 나타나셔서, 자기를 낮추시고, 죽기까지 순종하셨으니, 곧 십자가에 죽기까지 하셨습니다."빌 2:5-8

우리의 구원자이신 예수님이 하나님의 소명을 받아 섬기기 위해 이 세상에 오신 것처럼, 우리도 예수님의 사람이라면 세상으로 들어가 섬기는 자가 되어야 한다는 것입니다. 예수님은 '종의 흉내'를 낸 것이 아닙니다. 그는 실제로 종이 되어 사람들을 위해 자기 목숨까지 내어주셨습니다. 그래서 우리도 실제로 종처럼 사람들을 섬겨야 한다는 것입니다.

우리는 은연중에 이런 말씀은 현실에서 실천 불가능한 과장법이라고 생각합니다. 하지만 이 말씀을 실제로 마음에 받고 그대로 살려고 애썼던 사람들이 있었습니다.

2) 『클레멘스 1서』

교부였던 클레멘스 로마누스가 AD 100년경에 기록한 '클레멘스 1서'에는 다음과 같은 구절이 나옵니다. 닉페이지, 469-471

"우리 가운데 많은 사람이 다른 사람들을 속량하기 위해 자신을 속박에 내어주었다는 것을 압니다. 많은 사람이 자신을 노예로 팔았고, 그 값으로 다른 사람들을 먹였습니다."

이 말을 풀어서 설명하면 이런 뜻입니다.

'어떤 사람이 경제적 파산에 몰려 노예로 전락하게 되었다. 그런 일은 로마 시대에 종종 일어났습니다. 그런데 그가 노예가 되면 가족들은 생계가 막막한 처지에 놓이게 된다. 그래서 이런 비참한 상황을 막기 위해서 가족 부양의 부담이 없었던 다른 그리스도인이 그 사람을 대신해서 노예가 되었다.'

이런 내용도 배경에 있습니다.

'어느 기독교 공동체가 매우 가난했다. 설상가상으로 흉년까지 들어 모두가 굶어죽을 판이었다. 그 때 어느 형제가 자신을 부유한 집에 노예로 팔아서 그 돈을 공동체에 내놓았다. 마치 심청이가 아버지의 눈을 뜨게 해 주려고 자신을 공양 제물로 바친 것과 같습니다. 공동체를 위해서 자신을 내어 놓은 결과, 공동체의 여러 형제자매들은 흉년에도 삶을 이어갈 수 있었다.'

이것은 지금 우리의 상식으로 판단할 때 거의 미친 짓처럼 들립니다. 아무리 공동체를 위하는 마음이 커도 그렇지, 자신을 노예로 판다는 것이 말이 됩니까? 그렇게 하면 그의 인생은 무엇이 되겠습니까? 그러나 생활 형편이 매우 어려웠던 당시 상황을 고려하면 충분히 있을 수 있는 일입니다. 실제로 우리나라에서도 몇 십 년 전까지만 해도 자식 하나를 부유한 집에 양자로 보내고 양식을 얻는 경우가 종종 있었기 때문입니다. 하지만 여기서 중요한 것은 가족이 아닌 교회 공동체를 위해 자발적으로 자신을 노예로 팔았다는 사실입니다.

어떻게 이런 일이 가능했을까요? 우리 눈에는 불가능하게 보이는 일이지만, 이것을 실제로 가능하게 한 동력이 있었습니다. 당시 그리스도인들은 하나님의 은혜로 구원받은 이후로 자신들을 하나님의 종이요, 다른 형제자매들의 종으로 여겼다는 것입니다. 그들은 예수님이 우리에게 생명을 주기 위해 종이 되신 것을 본받아 자신들도 하나님과 이웃을 섬기기 위해서 종이 되어야 한다는 하나님의 말씀을 진리로 받아들였고, 예수 그리스도를 믿을 때에 이미 그렇게 헌신했던 것입니다. 그들은 '종의 삶'은 그리스도인에게 있어서 가장 중요한 '소명'이라고 생각했습니다. 그렇기에 다른 사람을 살리기 위해서 자신을 실제로 노예로 파는 것이 전혀 이상하고 특이한 일이 아니었습니다. 이미 과거에 헌신했던 것을 실천한 것에 불과했기 때문입니다. 종이 종으로서 마땅한 일을 한 것 정도로 여긴 것입니다.

3) 삶의 목적과 자세

하나님이 우리에게 소명을 주어 세상으로 파송하시는 이유는 분명합니다. 예수님이 세상을 섬기셨던 것처럼 우리도 세상 속으로 들어가서 섬기라는 것입니다. '소명의 사람' 이란 다른 사람을 섬기는 사람이고, 그것을 통해서 하나님을 섬기는 사람입니다. 이것은 '어떤 종류의 일을 하느냐' 하는 것보다 훨씬 더 근본적인 것입니다. 이것은 '삶의 궁극적인 목적과 자세' 를 의미합니다.

'왜 대학을 가려고 하는가?' 라는 질문에, '더 많은 지식을 배워 더 좋은 직업을 갖기 위해서' 라는 답을 넘어서, '대학 공부를 통해 더 나은 섬김의 삶을 살기 위해서' 라고 대답하는 것과 같습니다.

'왜 이 직업을 가지려고 하는가?' 라는 질문에, '생계를 위해 돈을 벌기도 하고 자아성취를 하기 위해서' 라는 답을 넘어서, '그 일직업을 통해 번 돈으로 가족의 생계를 유지함과 동시에 세상을 섬기기 위해서' 라고 대답하는 것과 같습니다.

'너는 왜 음악가가 되고 싶으냐? 연극배우가 되고 싶으냐? 여행가가 되고 싶으냐?' 라는 질문에, '하나님께서 내게 주신 재능이 그것이고, 내가 하고 싶은 일이기 때문이다' 라는 답을 넘어서, '그 일을 통해 사람들을 위로하고 회복해주고 더 나은 삶의 모습을 보여주려고 하며, 혹시 그 일을 통해서 돈을 번다면 그것으로 사람들을 섬기기 위해서다' 라고 대답하는 것과 같습니다.

'너는 왜 한국을 떠나 호주에 가서 살려고 하는가?' 라는 질문에도, '헬조선에서는 더 이상 숨쉬기조차 힘들어 인생의 돌파구를 찾으려고 한다' 는 답을 넘어서, '그렇게 나를 회복시켜서 다른 사람들과 세상을 더 잘 섬기기 위해서 가는 것이다' 라고 대답하는 것을 의미합니다.

인생의 방향과 목적과 자세에 대해 언제나 '섬기기 위해서' 라고 대답하는 것입니다.

4) '그리스도인'($X\rho\iota\sigma\tau\iota\alpha\nu\acuteο\varsigma$) 호칭의 유래 닉 페이지, 164-66

안디옥에서 예수를 따르는 자들이 처음으로 '그리스도인' 이라는 이름으로 불리기 시작했습니다. 행 11:26 "제자들은 안디옥에서 처음으로 '그리스도인' 이라고 불리었다." 사람들은 왜 '그리스도인' 이라는 호칭을 사용했을까요? 그 유래가 무엇일까요?

이것을 연구한 학자들이 보는 첫 번째 가능성은, '그리스도인' 이라는 표현이 '그리스도' $X\rho\iota\sigma\tauό\varsigma$로부터 유래했다는 것입니다. '그리스도인' 은 구원자 그리스도를 따르는 자, 그리스도를 닮은 자, 작은 그리스도라는 뜻을 가졌을 것이기 때문입니다.

또 다른 가능성은 '크레스토스' $X\rho\eta\sigmaτο\varsigma$라는 이름과 관련이 있을 것으로 보는 것입니다. '크레스토스' 는 당시에 흔한 노예 이름이었는데, '유용하다' '쓸모 있다' 라는 뜻으로 노예의 역할에 가장 적합한 이름이었습니다. 그리스도인들이 다른 사람들을 잘 섬겼기 때문에 이런 별명이 붙었을 것으로 생각하는 것입니다.

세 번째 가능성은 위의 두 가지 가능성이 복합된 언어유희 word play로 생각하는 것입니다. 그들이 추종하는 자가 예수이며 예수를 위해 목숨을 걸었기 때문에 '그리스도를 따르는 자들'이라는 뜻을 담았을 것이고, 또한 예수 믿는 자들이 '유용하고 쓸모 있는 자' 크레스토스 $Χρηστος$의 모습을 보여주었기 때문에 '크레스토스' 와 유사한 발음을 가진 '크리스티아노스' $Χριστιανός$ 그리스도인라는 호칭을 사용했을 것으로 추정하는 것입니다.

'그리스도인' 이라는 용어의 유래가 무엇이든 분명한 것은, 그들은 사이비종교를 믿는다는 이유로 박해를 당하던 열악한 상황 속에서도 하나님과 이웃을 섬기는 마음으로 살아가려고 애썼다는 사실입니다. 형제 중에 누가 힘들면 보듬어주고, 경제적으로 어려워지면 가진 것을 나눠주고, 박해를 받아 누군가 감옥에 갇히면 그 자녀들을 대신 돌봐주곤 하였습니다.

그들은 단지 믿음의 형제자매들에게만 이런 모습을 보여준 것이 아니었습니다. 주님을 믿지 않는 주변 사람들에게도 섬기는 모습을 보여주었습니다. 그들은 외롭고 버림받고 갈 길을 잃은 자들을 받아들였고, 노예들, 여자들, 버림받은 아이들, 사창가의 매춘부들을 받아주고 형제자매로 대우해주었습니다. 그들은 다른 사람을 섬기고, 다른 사람에게 쓸모 있는 자가 되고, 괜찮은 사람으로 인정받았기 때문에 '그리스도인' 즉 '그리스도의 사람'이라고 불린 것입니다.

우리는 어떤가요? '그리스도인'으로 불리기에 합당한가요? 우리는 다른 사람들에게 '쓸모 있는' '괜찮은' '유용한' 사람으로 인정받고 있습니까? 그래서 '작은 그리스도'라고 불리기에 합당한가요? 우리는 자신의 이익만을 구하는 이기적인 자입니까, 아니면 하나님과 사람을 섬기는 자입니까? 우리의 삶의 기본적인 자세가 무엇인가요? 우리가 추구하는 것은 무엇인가요? 넓고 안락한 집에서 잘 먹고 편하고 행복하게 사는 것인가요? 아니면 예수님처럼 세상을 섬기는 것인가요?

2. 소명의 삶은 쉽지 않다.

1) '소명'과 '섬김'은 부담스런 단어

시대의 흐름을 따르면 편하지만, 거룩한 삶, 구별된 삶, 다른 삶을 살면 불편하고 불안합니다. 모두가 편법을 쓰는데 혼자서 정직하게 살려고 하면 불이익을 당할 위험이 있습니다. 모두가 '좋은 학교-좋은 직장-좋은 집-좋은 물건-좋은 자녀교육-좋은 노후대책' 을 위해서 달려가고 있는데, 혼자서 그 대열에서 이탈하는 것은 불안한 일입니다. 낙오자가 되고 실패자가 될 확률이 높아집니다.

'일상적 소명' 을 신실하게 감당하는 것도 어렵기는 마찬가지입니다. 학교에서나 직장에서 섬기는 자세로 임한다는 것은 쉽지 않습니다. 손해 볼 것을 뻔히 알면서도 양보하고 사랑을 베푸는 것 역시 쉽지 않습니다. 힘들고 어려운 상황에서 불평하지 않고 맡겨진 일을 잘 감당하는 것도 쉽지 않습니다.

'비전적 소명'도 큰 희생을 요구합니다. 다른 사람의 문제를 나의 것으로 삼고 그것을 위해 노력하고 희생하는 것은 쉽지 않습니다. 시간을 빼앗기고, 돈도 내놓아야 하고, 에너지도 많이 소모될 수밖에 없습니다.

앞에서 예를 든 느헤미야나 남강 이승훈도 하나님의 소명을 감당하기 위해서 엄청난 희생을 치렀습니다. 그들은 권력도 있고 돈도 있었습니다. 자신만을 생각한다면 아쉬울 것이 없습니다. 다른 사람의 아픔에 굳이 나설 필요가 없었습니다. 하지만 그들은 세상을 향한 하나님의 뜻에 동참하여 고통당하는 사람들을 향한 긍휼의 마음으로 예루살렘 성을 복원하는 일, 또는 복음을 전하고 민족을 교육하는 것을 자신의 소명으로 받아들였습니다.

비전적 소명은 내 문제를 해결하기 위한 것이 아닙니다. 다른 사람의 문제를 해결하기 위한 것입니다. 내가 굳이 나서지 않고 외면한다 해도 크게 상관없습니다. 다른 사람이 나에게 억지로 맡기지 않습니다. 그 일을 하지 않는다고 비난을 하지도 않습니다. 그렇기에 오히려 안 하는 것이 편합니다. 하게 되면 시간도 빼앗기고, 돈도 써야 하고, 생활도 팍팍해질 뿐이기 때문입니다. 실제로 느헤미야와 이승훈은 비전적 소명에 뛰어들면서 엄청난 고생을 하게 됩니다. 느헤미야는 편한 집을 떠나 오랜 시간 황량한 객지에 나가 살아야 했고, 자신이 도우려고 했던 사람들의 오해를 사기도 했고, 분열된 백성들의 마음을 하나로 모으기 위해 잠을 설쳐가면서 고민해야 했고, 심지어 예루살렘 성 건축을 원하지 않았던 주변 민족들에 의해 살해 위협까지 받아야 했습니다. 이승훈도 여러 번 감옥에 갇히고 고문을 받는 고통까지 겪어야 했습니다.

이런 위험까지 감수하면서 이 소명을 감당한 이유가 무엇이었나요? 돈을 준다고 했다면 안 했을 것입니다. 권력을 준다고 해도 매력을 느끼지 못했을 것입니다. 그들이 이 소명을 감당한 이유는 타인을 향한 긍휼의 마음과 하나님을 향한 충성심 때문이었습니다. 이것이 그들로 하여금 편한 일상을 떠나 위험한 곳으로 들어가게 만들었습니다.

소명의 삶은 결코 쉽지 않습니다. 하나님께서 우리를 불러서 자녀로 삼아주시고, 세상의 필요를 보게 하시면서, 세상으로 들어가서 섬기라는 소명을 주셨지만, 솔직히 말해서 두렵습니다. 소명의 삶을 살다가 세상에서 뒤처질까 두렵고, 불이익을 당할까 겁나고, 우리의 삶이 실패할까 두렵습니다. 이것이 우리의 현실입니다.

2) 두려움에 사로잡힌 여호수아

여호수아도 소명을 앞에 두고 두려움에 사로잡혔습니다. 모세가 죽고 난 후에 하나님이 그를 불러 엄청난 과업을 주셨기 때문입니다.

> "나의 종 모세가 죽었으니, 이제 너는 이스라엘 자손 곧 모든 백성과 함께 일어나, 요단강을 건너서, 내가 그들에게 주는 땅으로 가거라." 수 1:2

이스라엘 백성들을 이끌고 가나안, 즉 하나님이 정해준 곳을 점령해야 하는 사명을 주신 것입니다. 그런데 해야 할 일을 구체적으로 생각해보니 기가 찹니다. 오합지졸과 같은 이스라엘 백성들, 불평불만으로 40년 세월을 보냈던 사람들을 설득하고, 훈련하고, 이끌어서 강력한 군대로 무장한 세력을 무찔러야 하는 과업이었기 때문입니다. 현실적으로 이것은 불가능한 과업이요 사명입니다.

여호수아가 이 사명을 맡고 싶었을까요? 모세를 계승하여 민족의 지도자가 되는 영광스러운 일이었으니 얼씨구나 좋다고 하면서 '예, 제가 하겠습니다' 하고 덥석 맡았을까요? 여호수아 1장의 내용을 보면 그렇지 않은 것 같습니다. 오히려 여호수아는 이 사명이 너무 크고 힘들어 보여 주저했던 것 같습니다. 이것을 어떻게 알 수 있을까요? 하나님이 여호수아에게 '굳세고 용감하라. 용기를 내라. 두려워하지 말고 낙담하지 말라'고 여러 차례나 강조하면서 격려해주셨다는 데서 알 수 있습니다. 5, 6, 7, 9절 여호수아가 굳센 마음으로 한 번에 수락했다면 하나님이 이렇게 여러 차례나 반복해서 '힘내라'고 말씀하실 필요가 없었을 것이기 때문입니다.

여호수아는 우리가 소명을 앞에 두고 느끼는 것과 동일한 두려움에 사로잡혔습니다. '백성들이 나를 따를까? 나는 모세처럼 엄청난 권위를 가진 사람이 아닌데', '이 오합지졸을 데리고 가나안으로 쳐들어갔다가 모두 몰살당하는 건 아닐까?' 이것은 소명의 삶을 살고자 할 때 다가오는 두려움과 같은 것입니다. 마음으로는 하나님께 순종하면서 살고 싶은데 현실은 너무 두렵고 걱정됩니다.

여호수아가 두려움에 사로잡혀 주저하고 있을 바로 그 때 하나님은 우리 모두가 기억하는 멋진 약속을 해주십니다. "내가 너에게 굳세고 용감하라고 명하지 않았느냐! 너는 두려워하거나 낙담하지 말아라. 네가 어디로 가든지, 너의 주, 나 하나님이 함께 있겠다." 수 1:9

이 약속을 오해하지 말아야 합니다. 이것은 '네가 무슨 일을 하든지 너를 도와줄 것이다' 라는 것이 아닙니다. 다만 소명의 삶을 살려고 할 때 '내가 너와 함께 할 것이다' 라는 약속일뿐입니다. 내가 원하는 일이 아니라 하나님께서 원하시는 일을 하려고 할 때 힘과 능력을 주겠다는 것입니다.

또한 '너의 소명을 쉽게 해 줄 것이다' 라는 약속도 아닙니다. 소명의 삶 자체를 쉽게 해 주겠다는 것이 아닙니다. 소명의 삶이 힘들다는 것은 변하지 않습니다. 다만 하나님의 약속은 어려움을 견딜 수 있는 힘을 주겠다는 것입니다. 내가 너와 함께하면 역경을 헤쳐 나가는데 도움이 되지 않겠느냐는 것입니다.

문제가 많은 세상 속으로 들어가 거룩하고 구별된 삶을 살고, 일상에서 믿음으로 신실하게 살아가고, 세상의 문제들을 해결하기 위해 애쓰는 소명의 삶을 사는 것은 결코 쉽지 않습니다. 하나님을 모른 채 사탄의 수하에서 죽어가는 영혼을 일깨우고, 깨어진 관계를 회복시키고, 굶주린 자들을 먹여주고, 핍박받는 자들을 변호해주고, 사회의 약자들과 함께 하고, 파괴된 하나님의 창조세계를 회복하고, 사람들을 압제하는 제도를 바꾸기 위해 노력하고, 정의와 평화의 세상이 오도록 애쓰는 것은 결코 쉬운 일이 아닙니다. 그 일을 위해 나섰다가 손해를 볼 수도 있습니다. 인생의 경쟁에서 낙오할 수도 있습니다. 고난을 당할 수도 있습니다. 그래서 우리는 두려워합니다. 겁을 먹습니다. 가고 싶지 않은 마음이 들어 주저하게 됩니다. 가나안 건너편 요단강가에 서 있던 여호수아의 심정과 같습니다. 이렇게 두려움에 빠져 있을 때 하나님은 우리에게도 동일한 약속의 말씀을 주십니다. "두려워하지 말라. 내가 너와 함께 하겠다." "내가 세상 끝 날까지 항상 너희와 함께 있을 것이다."마 28:20 내가 너와 함께 할 것이니 담대하게 하나님이 지시하는 곳으로 나아가라는 것입니다.

우리는 하나님의 약속을 신뢰해야 합니다. 이 두려움의 순간에 필요한 것이 믿음이고, 두려움 속에서도 소명을 향해 나아가는 것이 참된 믿음입니다. 믿음은 온실에서 필요하지 않습니다. 교회 안에서 필요한 것도 아닙니다. 진짜 믿음은 문제 많은 세상 속에서 소명의 삶을 살고자 할 때 필요합니다. 어려움과 고통이 가득한 곳에서도 하나님이 우리와 함께 하시고, 우리의 길을 열어주신다는 믿음이 진정 살아있는 믿음입니다. 위험을 무릅쓰고 세상의 문제를 향해 달려 나갈 때 하나님이 나와 함께 해주실 것이라는 믿음, 그것이 하나님이 우리에게 기대하시는 참된 믿음입니다.

3) 선택

우리의 삶은 선택의 연속입니다. 우리는 모두 불확실성 속에서 선택을 하면서 살아갑니다. 대학을 갈 것인지 말 것인지? 간다면 어느 대학 어느 학과를 선택할 것인지? 수입이 적어도 내가 하고 싶은 일을 할 것인지, 아니면 재미없는 일이지만 연봉을 많이 받을 수 있는 일을 할 것인지? 일찍 명퇴하고 두 번째 커리어를 빨리 시작할 것인지, 아니면 은퇴할 때까지 버틸 것인지? 아이들을 일반 학교에 보낼 것인지, 아니면 입시에서 자유로운 대안학교에 보낼 것인지? 이와 같은 다양한 선택이 모여서 우리의 삶이 형성됩니다. 우리의 인생은 다양한 선택의 결과인 것입니다.

소명에 대해서도 우리는 선택을 해야 합니다. 세상 사람들처럼 나의 행복만을 추구하며 살 것인가, 아니면 하나님의 부르심을 따라 세상을 섬기는 소명의 삶을 살 것인가? 수많은 명목상의 신자들처럼 세상 사람들과 전혀 구별되지 않은 사람으로 남을 것인가, 아니면 하나님의 뜻을 적극적으로 찾으면서 그 뜻에 맞춰 내 삶을 재설계하는 그리스도인이 될 것인가? 우리는 이 선택에 직면해있습니다. 선택 앞에서 우리는 주저하게 됩니다. 어느 것이 나을지 확신이 없기 때문입니다.

우리보다 먼저 살았던 사람들도 우리와 비슷한 선택에 직면했었습니다. 예수님도 선택에 직면했었습니다. 하늘에 그냥 머물 것인가, 아니면 세상으로 내려와 섬기고 희생할 것인가? 신으로서의 능력을 발휘해서 자신을 잡아 죽이려는 자들을 심판할 것인가, 아니면 억울하지만 묵묵히 고난을 견딜 것인가? 예수님은 이런 선택의 순간에 섬김의 삶을 택했습니다. 그 결과가 무엇이었나요? 죄로 인해 절망에 빠져 있었던 수많은 사람들에게 생명을 주는 것이었습니다. 예수님의 선택으로 인해 혜택을 받은 사람들 속에 우리 자신들도 포함됩니다.

느헤미야도 선택에 직면했었습니다. 왕궁에서 편안한 삶을 계속 누릴 것인가, 아니면 그 자리를 과감하게 떠나 위험과 절망 속에 살아가는 백성들의 삶의 현장으로 들어가 그들의 삶을 다시 일으켜줄 것인가? 그는 소명의 삶을 선택했고, 그로 인해 수많은 사람들의 안식처가 되는 예루살렘 성을 복구했고, 백성들을 하나님께로 돌아오게 하는 아름다운 결과를 만들어냈습니다.

남강 이승훈 역시 모아 놓은 재산으로 편안하게 사는 것 대신, 자신의 재산과 인생을 쏟아 부어야 하는 소명의 삶을 선택했습니다. 그 결과 오산학교를 통해 암울한 일제 강점기 시대에 민족의 빛이 되고 교회를 일으킨 귀한 일꾼들을 많이 키워내는 성과를 거두었습니다. 김억, 김소월, 백석, 이중섭, 주기철, 한경직, 함석헌, 등등

'이렇게 고생하는 삶을 선택한 것에 대해 후회하지 않나?' 라는 질문을 받는다면, 이들은 모두 동일하게 대답했을 것입니다. "나의 인생은 비록 힘들고 어려웠지만, 나의 선택으로 인해 하나님을 알고 새 생명을 얻은 사람들, 삶의 위로를 받고 소망을 회복한 사람들, 고통에서 희망을 얻은 사람들의 기쁨의 외침을 무엇과 바꿀 수 있겠는가? 다시 태어나도 나는 이 길을 갈 것이다. 오히려 부족한 내게 이렇게 의미 있는 삶을 살 수 있도록 불러주신 하나님께 감사할 뿐이다."

이처럼 소명의 삶을 선택하는 것은 예수님의 비유처럼 진주를 얻는 것과 같습니다. "또 하늘나라는, 좋은 진주를 구하는 상인과 같다. 그가 값진 진주 하나를 발견하면, 가서, 가진 것을 다 팔아서 그것을 산다."마 13:45-46 그 '진주'가 무엇인가요? 소명의 삶을 통해서 사람들이 회복되고, 세상이 변화되고, 하나님의 뜻이 이루어지는 것이지 않겠습니까? 그러니 가진 것을 다 팔아 그 진주를 사라는 것입니다. 결코 밑지는 선택이 아닐 것이기 때문입니다.

4) 또 다른 은혜

소명의 길을 가는 사람들에게는 또 다른 은혜가 기다리고 있습니다. 그것은, 힘겨운 소명의 삶을 살아가는 과정에서 하나님을 체험하는 것입니다.

그리스도인에게 가장 큰 복이 무엇일까요? 부족함이 없는 경제적 넉넉함? 다른 사람들 위에 군림하는 권력? 안락한 집? 남이 부러워할 정도로 잘 키운 자식들? 병치레 없이 건강하게 오래 사는 것? 아닙니다! 우리에게 가장 큰 복은 바로 '하나님 그 분'입니다. 시인이 "하나님과 가까이 있는 것이 내게 복이라"시73:28 하고 노래한 것처럼, 그리스도인에게 최고의 복은 하나님과 함께 하고, 그와 동행하고, 그의 은혜 속에 거하는 것입니다. 그런데 이 큰 복을 누리는 가장 좋은 길은 하나님이 불러서 보내시는 소명의 길로 가는 것입니다. 그 길에서 나와 함께 하시는 하나님을 체험하게 될 것이기 때문입니다.

바울은 소명의 삶을 살다가 잡혀서 로마로 압송되는 길에서 하나님의 임재를 체험하고 위로의 말씀을 들었습니다. '낙담하지 말아라. 네가 나의 소명을 끝낼 때까지 내가 너와 함께 하겠다.'행27:24 느헤미야는 자신을 죽이려는 적의 음모를 박살내고, 방해하는 세력을 무력화하는 과정에서 하나님의 능력을 체험했고, 백성들이 회개하고 하나님께로 돌아오는 놀라운 부흥을 체험했습니다. 남강 이승훈은 감옥에 갇혀 성경을 읽고 기도하다가 하나님의 깊은 위로와 임재를 체험했습니다.

이처럼 소명의 삶을 살아가는 그 길에서 우리는 하나님을 만나게 될 것입니다. 살아계신 하나님의 능력을 경험하게 될 것입니다. 이것이야말로 내게 있는 것을 내어주고 받게 될 '세상에서 가장 멋진 진주'일 것입니다.

3. 하나님의 은혜를 누리는 삶

우리는 하나님의 사람이 되어 세상으로 파송 받았습니다. 세상에서 구별된 거룩한 사람으로 살아가도록 부름 받았습니다. 일상의 삶에서 주어진 다양한 역할을 믿음으로 감당하도록 부름 받았습니다. 문제 많은 세상으로 들어가서 그 문제들을 가슴에 품고 섬기도록 부름 받았습니다.

하나님이 예수 그리스도의 희생의 죽음으로 우리에게 구원의 은혜를 베풀어주셨는데, 그의 자녀가 되어 아버지의 뜻에 순종하지 못할 것은 없을 것입니다. 또한 하나님이 우리와 세상 끝날까지 함께 하겠다고 약속해 주셨는데, 눈앞에 있는 두려움에 사로잡혀 후퇴할 이유는 없을 것입니다.

내 꿈을 성취하게 해 달라고 기도하지 마십시오.
나를 통해 하나님의 뜻이 이루어지기를 위해서 기도하십시오.

편하고 쉬운 삶을 달라고 기도하지 마십시오.
힘겨운 세상을 돌파할 힘을 달라고 기도하십시오.

나의 능력에 맞는 소명의 삶을 달라고 기도하지 마십시오.
내게 주신 소명의 삶에 맞는 능력을 달라고 기도하십시오.

그러면,
당신이 하는 일에서 하나님의 영광이 드러날 뿐 아니라,
당신 자신이 하나님의 영광이 될 것입니다.

그러면,
회복되는 세상, 당신에게 주어지는 하나님의 풍성한 은혜,
그 속에서 보게 되는 빛나는 주님의 얼굴을 보면서
매일 매일 경탄할 것입니다.

Phillips Brooks의 시를 기초로 변환한 것

우리가 섬기는 자였던 예수를 닮은 그리스도인이라면, '아멘, 주님, 저를 보내주십시오. 제가 가겠습니다' 라고 대답하면서 믿음으로 소명의 발걸음을 내딛을 것입니다. 그리고 그 길에서 우리는 살아계신 하나님의 놀라운 은혜를 더욱 깊이 체험하게 될 것입니다.